성리학의 수양치료

서명석

Self-Cultivation Therapy of Neo-Confucianism

책인숲

성리학의 수양저로

서명석
제주대학교 교육대학 교육학과 교수 / 철학박사

- 한국학중앙연구원 한국학대학원 졸업
- 현재 제주대학교 사회교육대학원 심리치료학과에서 철학상담, 철학치료, 명상치료, 수양치료 등을 가르치며 교학상장과 줄탁동시를 하고 있는 중이다.『주역상담&주역치료』(2017)『퇴율공부법과 현대교육 비판』(2017) 등 십여 권의 저역서를 펴냈고,「다산 기호담론의 수양치료적 해석」(2017)「율곡 몸공부법의 수양치료적 이해」(2017)「율곡 성학의 교육적 재음미」(2018) 등 수십 편의 논문을 발표했다.

성리학의 수양치료

초판인쇄	2018년 5월 15일
초판발행	2018년 5월 30일
지은이	서명석
디자인	디자인에이비
펴낸곳	책인숲
출판등록	142-91-51951
주소	경기도 용인시 기흥구 기흥역로 9 롯데캐슬레이시티 A동 2801호
대표전화	031-276-6062
팩스	031-696-6601
전자우편	booksinforest@gmail.com

© 책인숲, 2018, Printed in Korea
ISBN   978-89-969441-9-5   03150

* 이 책 내용의 일부 또는 전부를 재사용하려면 반드시 책인숲의 동의를 얻어야 합니다.
* 잘못 만들어진 책은 구입하신 곳에서 교환해 드립니다.
* 이 도서의 국립중앙도서관 출판예정도서목록(CIP)는 서지정보유통지원시스템 홈페이지(http://seoji.nl.go.kr)와 국가자료공동목록시스템(http://nl.go.kr/kolisnet)에서 이용하실 수 있습니다.(CIP제어번호 : 2018012776)

나는 그 누구도,
그 무엇도 모방하지 않으며
내 집에 기거하노라!
―니체의 『즐거운 학문』 중에서

예란 몸과 마음을 검속하는 것이다.
—율곡

禮是檢束身心

차례

머리말　　12

1장 퇴계의 수양치료　　17

  1. 경의 현재적 호출　　18

  2. 퇴계의 수양　　21

  3. 경을 매개로 한 퇴계심학과 수양치료 사이의 접점　　28

  4. 퇴계심학의 수양치료적 해석　　39

  5. 오로지 지경하라　　46

2장 율곡의 수양치료　　51

  1. 먼저 사람이 되어라!　　52

  2. 성리학의 배움[學] 디자인　　55

  3. 몸과 마음에 대한 수양적 통합　　61

4. 몸치료의 실제	66
5. 사람다운 무늬를 만들자	74

3장 다산의 수양치료   79

1. 성은 기호라고 다산이 말하다	80
2. 다산의 전제	82
3. 다산의 수양	87
4. 다산의 치료	93
5. 기호를 잘 관리하고 다스려라	100

• 참고문헌	104
• 찾아보기	110

그림 차례

　[그림 1-1] 수양치료 개념도　　　　　　　　　　　35

　[그림 1-2] 심학도　　　　　　　　　　　　　　　40

　[그림 2-1] 성리학의 배움틀로서의 소학-대학 패러다임　56

　[그림 2-2] 몸의 위상과 몸과 마음의 관계도　　　　64

　[그림 2-3] 구용법의 신체배치도　　　　　　　　　68

　[그림 3-1] 다산 기호담론의 틀　　　　　　　　　84

　[그림 3-2] 다산 수양치료의 설명틀　　　　　　　95

　[그림 3-3] 치료의 의미망　　　　　　　　　　　99

표 차례

　〈표 3-1〉 마음의 거주지에 따른 성인과 소인의 비교　91

머리말

 동아시아에는 수양의 전통이 있다. 이때 수양은 인간이 〈자신의-몸과-마음을-갈고-닦는-활동〉이다. 그러나 오늘날 현대인들은 구체적 삶 속에서 수양을 잊고 산다. 그런 사람들에게 삶의 기술로서 수양의 세계를 알려주는 것이 이 책의 목적이다. 이 책에는 조선 성리학의 대표 주자들인 퇴계, 율곡, 그리고 다산이 등장한다. 이들은 모두 성리학을 모-학문으로 공유했던 유자들이지만, 여기서 각자 독특한 방식으로 자신만의 수양 세계를 펼쳐 보인다. 퇴계는 경치료를 통하여 수양의 세계를 열어둔다. 그리고 율곡은 몸치료를 통하여 수양의 세계를 열어 밝힌다. 반면 다산은 기호치료로 수양의 세계를 보여준다. 이렇게 퇴계·율곡·다산, 그들은 수양을 공유했지만 수양이 구체적으로 나아가는 치료의 길은 각자 달랐다.

자, 이제! 퇴계·율곡·다산이 각자 독자적으로 만들어 놓은 〈수양치료〉라는 독서산책의 길로 우리가 함께 떠나보자. 천천히 서둘면서 Festina lente!

2018. 3. 11

봄기운이 한껏

피어나는 아침

성경재에서

저자 쓰다

일러두기

1. 〈 〉은 작품일 때와 강조로 묶어줄 때, 그리고 표인 경우에 쓰였다.
2. 『 』은 책이름일 때 「 」은 책이름 속의 작은 항목에 쓰였다.
3. [ ]은 같은 것의 다른 표현과 그림인 경우에 쓰였다. 또한 [ ]은 문맥의 흐름을 도울 때도 쓰였다.
4. 어떤 내용을 강조하면서 하나로 묶어줄 때 -을 사용했다.
5. /은 '그리고' '또는'의 뜻이다.

修養治療

1

퇴계의 수양치료*

---

*〈서명석(2016). 수양치료의 관점에서 본 퇴계심학: 교육의 결락지를 찾아서. *교육사상연구*, *30*(1), 101-117.〉 이 장은 해당 논문을 수정하고 보완한 것이다.

1. 경의 현재적 호출

① *경(敬)은 만병의 약이다.* *—퇴계 ② 어떤 사람이 물었다. 성(性)을 밝게 하는 것은 반드시 경(敬)을 우선으로 해야 합니까? 주자가 답했다. 진실로 그렇다.**

퇴계(退溪·1501~1570)는 경(敬)을 만병의 약이라고 말했다. 이때 약은 모든 질병을 치료하는 의료적인 관점의 약이 아니다. 그가 말하려고 하는 약은 ②에 들어 있는 주자의 언급에서 볼 수 있다. 어떤 제자가 주자에게 묻고 주자가 답하는 것인데, 여기서 제자가 묻는 것은 '본성을 밝히는[明性]' 방법이다. 이에 대한 주자의 대답은 매우 간결하고 확고하다. 주자가 말하고자 하는 핵심의 지두(地頭)를 일러두면 인간에게 본성을 밝히는 방법은 무엇보다도 경(敬)이 최고라는 점이다. 이런 맥락에서 알 수 있는 것은 성리학에서 경담론은 지극히 인간의 본

---
*『퇴계전서(退溪全書)』권(卷)29: 敬是百病之藥
**『심경부주(心經附註)』『성가학장(聖可學章)』: 惑問 明性 須以敬爲先? 朱子曰 固是

성에 대한 탐구의 소산이라는 점이고, 그 안에서 인간의 본성은 경에 의한 치료의 대상이라는 점이다. 이것을 퇴계는 이렇게 말한다. "병을 치료함에 비유한다면, 경은 모든 병에 대한 약이다. 한 가지 증세에만 적용되는 약재와는 비교가 되질 않는다."*

위와 같은 퇴계의 경담론은 치료의 관점에서 경(敬)을 바라볼 수 있는 가능성을 열어둔다. 경담론은 오늘날 통용되는 담론의 형태도 아니며 경을 필두로 하는 심학 담론 역시 부재한다. 경은 과거 텍스트 안에 전통이라는 이름으로만 남아 있다. 그럼에도 21세기에 통용되지 않는 담론이 오늘날 현대인들에게 어떤 의미와 중요성을 가지고 있는지 검토하는 일은 전통의 재발견이라는 관점에서 분명 가치 있다.

서지학의 관점에서 보면 퇴계심학은 하나의 텍스트로서 『성학십도(聖學十圖)』 안에 들어 있다. 정확히 말해 1568년 퇴계가 편찬한 『성학십도』는 지금으로부터 450년의 시차를 갖고 있다. 이런 시차에도 불구하고 오늘날 퇴계심학이 얼마나 가치 있는 담론이고 지금 우리들에게 주는 전통의 메시지는 무엇인가? 이런 질문은 경(敬)에 대한 사유의 고고학으로 풀 수 있다. 고고학이 고고학자에 의해 땅 속의 유물을 발굴하여 먼지를

---

*『이자수어(李子粹語)』「함양(涵養)」: 譬之治病 敬是百病之藥 非對一證而下一劑之比

털어내고 정밀하게 복원하는 것이라면, 경(敬)에 대한 사유의 고고학이란 유학이라는 사유의 지도를 따라가며 경이 보여주는 풍광과 지형을 생생하게 되살려 놓는 작업이다. 역사의 고기물로 과거 전적의 텍스트 속에 방치되어 있던 경을 현대 공간으로 꺼내와 빛을 쪼여 그 안에서 보여주는 전통의 메시지를 현대적으로 되살려보자. 경(敬) 위에 두껍게 끼어 있는 세월의 먼지를 털어내고, 그것의 온전한 모습을 드러내는 일이 지금 무엇보다도 시급하다.

2. 퇴계의 수양

유학에서 수양(修養·Self-Cultivation)의 전통은 대략 2500년 이상의 긴 역사성을 가지고 있다. 그렇다면 이런 전통의 원두(源頭)를 어디에서 찾을 수 있을까? 그것은 두말할 것도 없이 공자와 맹자로까지 거슬러 올라간다. 그런데 유학의 전적에서 수양을 하나로 묶어놓고 철학적으로 정밀하게 논의한 것은 거의 없다. 그러므로 먼저 수[修·닦음]와 양[養·기름]을 각각 살펴본 다음 둘을 통합하는 방식을 취해보자. 유학에는 몸과 마음의 결합체인 '자기-자신[己]'을 닦음[修]의 대상으로 바라보는 독특한 전통이 있다.

공자의 말을 들어보자. "자로가 군자에 대하여 물었다. 그러자 공자가 말했다. 경으로 자기 자신을 닦아라."* 이렇게 공자는 자기-자신[己]의 닦음[修]을 이야기한다. 이것이 공자의 수기(修己)다. 하지만 맹자는 다르게 말한다. 그의 육성을 들어보자. "맹자가 말했다. 마음을 기르는 것은 욕심을 적게 하는 것보다 더 좋은 것이 없으니, 그 사람됨에 있어서 욕심이 적으면 비

---

*『논어(論語)』「헌문(憲問)」45: 子路問君子 子曰 修己以敬

록 보존되지 않음이 있더라도 보존되지 않은 것이 적을 것이요, 그 사람됨에 욕심이 많으면 비록 보존됨이 있더라도 보존된 것이 적을 것이다."**

여기서 맹자는 마음의 '기름[養]'을 말하고 있다. 물론 이때 '기름'의 대상은 마음이지만 그 마음은 일반적인 마음이 아니라 인간이 천부적으로 가지고 있는 본성으로서의 마음이다. 그런 본성으로서의 '마음을 기르는[養心]' 방법으로는 무엇보다도 인간이 자신의 욕심을 조절하고 통제하는 것이 최우선이라는 점을 맹자가 우리들에게 전하려는 메시지다. 이와 같은 공맹의 주장에 기반하여 '수기(修己)'에서의 '수(修)'와 '양심(養心)'에서의 '양(養)'을 결합하여 '수양(修養)'이 나왔다. 이런 공맹의 원의에 충실하게 수양을 정리하면 '경(敬)으로 자기 자신을 닦아 욕심을 조절하면서 자신의 본성을 기르는 일'이 수양이 될 것이다.

그러나 이러한 정돈 방식은 너무나 밋밋하여 유학의 참맛이 살아나지 않는다. 위와 같은 담론을 더욱 정치하게 발전시킨 성리학의 도움을 받으면 이런 문제가 어느 정도 해소된다.

** 『맹자(孟子)』「진심(盡心)」하(下)35: 孟子曰 養心莫善於寡欲 其爲人也寡欲 雖有不存焉者寡矣 其爲人也多欲 雖有存焉者寡矣

① 맹자가 『맹자(孟子)』에서 "그 마음을 보전하고 그 성(性)을 기르는 것은 하늘을 섬기는 것이다" 하였다. ② 주자가 "마음이라는 것은 사람의 신명(神明)이 여러 가지 이(理)를 갖추어 온갖 일에 대응하는 것이요, 성(性)은 마음에 갖추어져 있는 이(理)이고, 하늘은 또 이(理)가 경유하여 나온 곳이다. 보존이란 가지고 있으면서 버리지 않는 것을 말하고, 기름이란 따르면서 해치지 않는 것을 말하고, 섬긴다는 것은 받들어 모시어 어기지 않는 것이다"라고 주석하였다. ③ 정자는 "심(心)이나 성(性)이나 천(天)은 하나의 이(理)이다. 이(理)로 말하면 천(天)이라고 하고, 사람의 품수(稟受)로 말하면 성(性)이라 하고, 사람에게 있는 것으로 말하면 심(心)이라 한다" 하였다.*

유학에서의 수양은 '존심양성(存心養性)'이라는 핵심 명제로 수렴된다. 이 지점을 맹자는 ①과 같이 말한다. 그리고 ①의 후반부에서 맹자는 하늘[天]에 대한 섬김[事]을 언급한다. 왜 '존심양성(存心養性)'을 그는 하늘에 대한 섬김[事天]의 코

---

*『퇴계집(退溪集)』「경연강의(經筵講義)」: ① 孟子曰 存其心 養其性 所以事天也 ② 朱子註 心者 人之神明所以具衆理而應萬事者也 性則 心之所具之理 而天 又理之所從出者也 存 謂操而不舍 養 謂順而不害 事 則奉承而不違也 ③ 程子曰 心也性也天也 一理也 自理而言謂之天 自稟受而言謂之性 自存諸人而言 謂之心

드로 말하려는 것일까? 그것은 맹자가 바라보는 인간의 본성에 대한 그의 낙관적 전망과 무관하지 않다. 여기서 맹자가 말하는 하늘은 물리적 창공과 같은 하늘(sky)도 아니요, 종교적 숭배의 대상으로서의 하늘도 아니다. 그것은 어디까지나 이상적인 정신적 근원이나 실재로서의 하늘(Heaven)이다. 그런 하늘이 인간의 마음속에 내주(內住)한다고 보는 것이 맹자의 생각이고 맹자에게 그런 하늘은 당연히 섬김의 대상으로 격상된다. 이런 구도 안에서 인간의 본래적인 선한 본성, 그것은 곧 맹자에게 하늘로 통한다. ②[주자가 "마음이라는 것은 사람의 신명(神明)이 여러 가지 이(理)를 갖추어 온갖 일에 대응하는 것이요, 성(性)은 마음에 갖추어져 있는 이(理)이고, 하늘은 또 이(理)가 경유하여 나온 곳이다. 보존이란 가지고 있으면서 버리지 않는 것을 말하고, 기름이란 따르면서 해치지 않는 것을 말하고, 섬긴다는 것은 받들어 모시어 어기지 않는 것이다"라고 주석하였다.]는 ①[맹자가 『맹자(孟子)』에서 "그 마음을 보전하고 그 성(性)을 기르는 것은 하늘을 섬기는 것이다"하였다.]에 대한 주자의 풀이다. 인간의 신명한 마음속에 이(理)가 들어 있다. 그 이(理)가 마음속에 있는 것을 특별히 성(性)이라 한다. 맹자의 심학이 이런 식으로 주자에게 와서 성(性)-리(理)의 문제로 철학화된다. 그런 이(理)가 따라 나온 곳[所從來]이 천(天)이라고 주자가 일러준다. 이 지점이 맹자 심학이 주자 이학(理學)으로 나아가는 분기점이기도 하다. 또한 위의 보존과 기름은 주자가 '존심양성(存心養性)'을 해설한 것이다. 물론 주자에게도 마음의 근원적 실재로서의 하늘[天]은 맹자처럼 당연히 섬김의 대상이다. ③[정자는 "심(心)이나 성(性)이나 천(天)은 하나의 이(理)이다. 이(理)로 말하면 천(天)이라고 하고, 사람의 품수(稟受)로 말하면 성(性)이라 하고, 사람에게 있는 것으로 말하면 심(心)이라고 한다."]은 심(心)·성(性)·천(天)이 같은 계열의 것들인데, 다만 보는 관점에 따라 각각 명칭에서 달라짐을 정자가 말한 것이다. 이렇게 해서 맹자 심학이 주자를 거치면서 이학(理學), 즉 성리학으로 넘어가는 과정을 알아보았다.

한편 퇴계는 주자의 종지를 그대로 계승하면서 그만의 심학(心學)을 디자인한다. 퇴계에게 '존심양성(存心養性)'을 구체적으로 실현시킬 방안은 무엇이란 말인가? 이 물음에 그가 바라보는 문제의 심급이 놓인다. "더욱 위태로울 수 없는 것이 인심인지라 욕심에는 빠지기 쉽고 이(理)를 회복하기는 어렵다. 더욱 은미한 것이 도심인지라 잠시 이(理)가 열려도 바로 욕심으로 닫히는 까닭이다."* 이런 이유로 해서 퇴계는 혈관에서의 피의 흐름과 같이 도심(道心)과 인심(人心)에 공통적으로 흘러야 하는 경(敬)의 장치를 고민한다. 왜냐하면 퇴계에게 "경

---

*『퇴계집(退溪集)』「무진육조소(戊辰六條疏)」: 莫危者人心 易陷於欲而難復乎理 莫微者道心 暫開於理而旋閉于欲故也

(敬)을 지키는 것은 …… 마음의 동(動)과 정(靜)을 하나로 꿰뚫어 안과 밖을 합일시키고 드러난 것과 은미한 것을 한결같이 하는 도(道)"*이기 때문이다.

유학에서 마음을 '인심(人心)'과 '도심(道心)'이라는 두 양태로 나누어 보는 것이 정설이다. 그런데 마음 안에서 경(敬)이 하는 작용은 구체적으로 무엇인가? 경의 관점에서 보면 도심은 존양의 대상이고 인심은 성찰의 대상이 된다. 이런 존양과 성찰의 두 코드를 하나로 통섭해서 말하면 그것은 다름 아닌 '존심양성(存心養性)'이다.

❖ 존심양성(存心養性)의 두 코드

- 도심(道心) → 천리(天理) ― 정(靜) ― 존천리(存天理) ― 존양(存養) ― 천리(天理)의 유지(維持)·보존(保存)
- 인심(人心) → 인욕(人欲) ― 동(動) ― 알인욕(遏人欲) ― 성찰(省察) ― 인욕(人欲)의 관리(管理)·통제(統制)

---

*「진성학십도차(進聖學十圖箚)」: 持敬者 …… 貫動靜 合內外 一顯微之道也

이렇게 퇴계심학에서 수양이란 다른 것이 아니라 경으로 도심인 천리를 존양하는 것이고, 경으로 인심인 인욕을 성찰하는 것이다. "도심(道心)에서 천리의 꽃이 피게 하라! 인심(人心)이 인욕으로 미끄러지는 것을 조심하라! 이런 일들을 오로지 경(敬)에 의지하라!" 이것이 퇴계심학의 삼단 화음이다.

3. 경을 매개로 한 퇴계심학과 수양치료 사이의 접점

퇴계가 『성학십도(聖學十圖)』〈심학도설(心學圖說)〉를 통하여 강조하고 있듯이 경(敬)은 수양을 관통하고 주파하는 역동성을 내재하고 있다. 그럼 경이란 도대체 무엇이란 말인가? 이를 퇴계가 살아생전 애지중지한 『심경부주(心經附註)』를 통해서 살펴보자.

❖ 선학들이 규정했던 경(敬)의 의미망

① 주일무적 경(敬) ≒ 집중 경(敬)!

[마음이]* 한곳에 집중하는 것이 경(敬)이다.**

[마음이 다른 곳으로] 향하지 않음은 [마음이] 한 가지 일에 전념함이다.*** —정자

② 정제엄숙 경(敬) ≒ 단속 경(敬)!

---

* '[마음이]'는 문맥의 원활한 흐름을 위하여 추가한 것이고, '≒'은 완전 등치는 아니지만 거의 같다는 뜻으로 쓰였다. 이하 모두 같다.
** 主一之謂敬
*** 無適之謂一

[몸가짐을] 가지런히 정돈하니 [마음이] 엄숙해진다.*—정자

③ 상성성법 경(敬) ≒ 상태 경(敬)!

경(敬)은 늘 [마음이] 또랑또랑 깨어있는 법이다.**—사량좌

④ 기심수렴불용일물 경(敬) ≒ 수렴 경(敬)!

경(敬)이란 마음을 수렴하여 하나의 물건도 용납하지 않는 것을 말한다.***—윤화정

그러나 위의 ①②③④와 같이 평면적인 정돈방식은 경이 우리 마음속에서 수양과 관련하여 실제 어떤 역동적인 작용을 하는지 잘 파악되지 않는다. 하지만 이하 다음 것들을 참고하면 그것에 대한 형편은 달라진다. 공자가 먼저 말한다. "경으로 자기 자신을 닦아라."****

맹자는 그 다음 이렇게 피력한다. "선(善)을 펴고 바르지-못함[邪]을 끊는 그것을 경이라 한다."***** 이러한 공맹의 언설을 읽으면 경이 수양 장치이자 선을 확장해 나아가는 수양

---

* 整齊嚴肅
** 敬是常惺惺法
*** 敬者其心收斂不容一物之謂
****『논어(論語)』「헌문(憲問)」: 修己以敬
*****『맹자(孟子)』「이루(離婁)」상(上): 陳善閉邪 謂之敬

시스템임이 확연해진다. 이때 주자도 한몫 거든다. "마음을 다스리는 것은 다만 경뿐이다."* 공자와 맹자가 수양 장치와 수양 시스템으로 경을 말하고 있다면, 주자는 한걸음 더 나아가 그 경을 유가 수양의 핵으로 통섭하는 역할을 말한다. 경은 원래 철학적 밀도가 그리 강한 개념이 아니었지만 주자에 와서 철학적 개념으로 올라선다.

    주자의 이런 입장이 퇴계에게도 고스란히 드러난다. "경이란 온 마음의 주재이며 온갖 일의 근본이다."** 이때 '주재(主宰)'라는 용어는 현대적으로 풀어서 말하면 '자기 통제력'에 다름 아니다. 단순히 심리적인 자기 통제력이 아니라 성인됨으로 가기 위하여 자발적 의도가 깔려있는 그런 자기 통제력 말이다. 이러한 점 때문에 주자를 거치면서 퇴계에 이르면 경이 수양의 중심부로 급부상한다. 실제 퇴계는 경을 심학의 주춧돌로 삼아 그만의 견고한 수양체계를 세워놓았다. 그런데 이것만이 아니다. 실제 경담론이 『주역(周易)』에도 등장하는 것을 보면 『주역』이 공자 이전의 텍스트이니 경은 적어도 2500년 이상이나 된 개념임에 분명하다. 이 책에는 이런 사자성구(四字成句)가 나온다. 그것은 다름 아닌 『주역(周易)』「곤괘(坤卦)」의 "경이직내(敬

---

*『심경부주(心經附註)』「정심장(正心章)」: 攝心只是敬
**『성학십도(聖學十圖)』「대학도(大學圖)」: 敬者一心之主宰而萬事之本根也

以直內)"이다. 이를 직역하면 "경으로 안을 곧게 한다"가 된다. 그러나 이렇게 놓고 보면 너무나 나이브하기에 그것에 대한 보다 정교한 분석이 필요하다. 일단 한문의 문법 구조로 보자. '경(敬)'은 철학적 용어이니 그대로 '경(敬)'이 되고, '이(以)'는 이때 '~로' 쓰인 허사이며, '직(直)'은 원의대로 '곧게 한다'라는 동사가 된다. 공영달은 『주역절중(周易折中)』하책(下册)에서 '내(內)'는 여기서 안과 밖을 말할 때의 '안'이 아니라 인간의 '마음'이라는 의미로 보았다.* 그리고 마음인 '내(內)'는 또한 영어식으로 보면 목적어가 된다. 이를 토대로 "경이직내(敬以直內)"를 다시 번역해보자. "경으로 인간의 마음을 바르게 한다." 다시 말해 경이 수양론적으로 정심(正心)의 활동을 한다는 말이다. 이것이 『주역(周易)』「곤괘(坤卦)」에서 말하려고 하는 당체(當體)에 가깝다. 그런데 퇴계는 이런 사자성구(四字成句)를 자기만의 방식으로 변주시켜 나갔다. 그것이 이른바 "경이위주(敬以爲主)"이다. 이것은 『퇴계집(退溪集)』권(卷)28 〈답김돈서(答金惇敍)〉에 나오는 구절인데, 거기서의 맥락은 인간이 배움의 길에 나설 때 일이 있든 없든 또는 마음에 의도가 있든 없든 간에 상관없이 마땅히 "경이위주(敬以爲主)"해야 한다는 것을 퇴계가 역

---

* 孔氏穎達曰 …… 內謂心也

설하는 대목이다. 이때 "경이위주(敬以爲主)"는 "경을 임금으로 삼는다"라는 뜻이다. 즉, 그것은 경을 왕으로 삼겠다는 말이다. 물론 '주(主)'에는 '주인'이라는 뜻도 있지만 이 경우에는 '주(主)'를 '임금' 또는 '왕'으로 새겨야 한다. 그래야만 퇴계의 본의가 훨씬 되살아난다. 근대 이전에 왕이란 어떤 존재였는가. 한 국가의 최고 통치자가 아니었던가. 이것이 퇴계가 그의 심학에서 강조하려고 했던 경의 존재론적 위상이다. 그러면 왕과 같은 존재인 경이 인간에게로 내려오면 인간의 마음을 통치하는 최고 지배자라는 지위를 얻게 되는데 이러한 점 때문에 퇴계는 경이 우리 마음의 최고 주재자라고 기회가 있을 때마다 언명하곤 했다. <"경(敬)! 우리 마음의 최고 통치자이자 우리 마음의 최종 주재자!"> 이것이 퇴계가 그의 심학에서 현재 우리들에게 말하려고 하는 경의 궁극적 메시지이다.

그러나 퇴계가 말했던 "경이위주(敬以爲主)"는 오늘날 우리들의 삶에서 살아 유통되는 담론이 더 이상 아니다. 성리학이 비록 역사 속에서 사멸한 과거의 담론이라 하더라도 현재 속에서 언제나 재해석되어야 한다. 퇴계심학도 마찬가지이다. 그러므로 현재의 시점에서 보면 "경이위주(敬以爲主)"는 오늘날 "경이치심(敬以治心)"으로 확장되어야 마땅하다. 이때 "경이치심(敬以治心)"이란 "경으로 마음을 치료한다"라는 뜻이다. 이렇게 놓으니, '① 경이직내(敬以直內) → ② 경이위주(敬以爲主)

→ ③ 경이치심(敬以治心)'으로 경을 둘러싼 삼단 변주가 완성된다. 경이치심(敬以治心)에서 '치(治)'를 집중적으로 알아보자. 일반적으로 치(治)는 다스린다는 의미로 읽힌다. 그러나 그 용례를 더 파고들어 가면 치(治)가 수양한다 또는 치료한다는 의미를 동시에 머금고 있음을 발견할 수 있다. 이 용례를 따르면 치(治)는 수양과 치료라는 이중적 의미를 발산하는 것으로 볼 수 있다. 이 중에서 치료의 의미에 더 집중해보자. 『동아(東亞) 한한대사전(漢韓大辭典)』에는 치(治)를 병이나 상처를 보살펴 낫게 하다라고 해놓고, 이런 용례로 쓰이는 것이 치료(治療)라고 기술되어 있다. 그러나 이런 식의 풀이는 사전적인 측면이고 이를 넘어서 치(治)를 심학적인 지평, 즉 치심(治心)의 관점에서 보면 치(治)란 병이나 상처를 치료하는 의료적인 활동이 아니라 마음이 마음을 치료하는 것이다. 그것도 다른 것이 아니라 경을 통해서 말이다. 경(敬)을 통한 치료는 서양의 심리학에서 다루는 일반적인 치료와 분명 다르다.

그럼 무엇이 다르다는 말인가? 서양에서 말하는 심리학적 치료가 다분히 인간의 심리적인 안정성을 찾는데 있다면 경을 통한 치료는 그런 것이 아니라 성학(聖學·성인됨으로 가는 배움)의 구도 안에서 성인(聖人·경으로 무장하고 늘 도심 속에 사는 자)으로 가기 위한 수양론적 역할에 초점이 모아진다. 이러한 수양론적 역할을 하는 철학적 건축물이 경이다. 그런데 이런 경이 동시대에는 거의 유통되지 않는 무엇이 되어버렸다. 이것을 복원하는 과정에서 치(治)는 자연스럽게 서양 전통에서 발원한 치료로서의 therapy와 곧장 만난다. 이것이 오늘날 우리가 흔히 접하는 치료 또는 치유로서의 therapy이다. therapy를 치료라고 번역하면 다분히 심리학적이자 의료적인 측면이 강조되고, therapy를 치유라고 번역하면 정신적이자 영적인 측면이 강조되는 느낌을 받는다. 때로는 꼭 그런 것이 아니고 치료와 치유가 자유롭게 호환해서 쓰일 때도 있다. 좌우간 이런 뉘앙스의 차이는 별로 중요하지 않다. 여기서는 다만 치(治)를 치료로 읽고 치(治)에 상응하는 용어로 therapy를 바라보겠다.

수양이 치료와 만나기 전에 치료의 의미망을 살펴보자. 원래 치료(therapy)는 그리스어 'θεραπεία(therapeia)'에서 나왔다. 이때 'θεραπεία'의 개념적 의미망은 치료(cure), 서비스(service), 그리고 돌봄(care/attendance)으로 이루어진다(Liddell & Scott, 1983). 또 하나 더 추가할 것이 있다. 치료는 'bio-therapy'와 같이 'bio-'라는 접두사의 뒤에 쓰여 'therapy'가 '행위(act)'이자 '프로그램(program)'을 뜻하기도 한다(Flexner, 1987). 이러한 치료의 의미들과 수양 개념을 톱니바퀴로 연결시켜 수양치료의 개념모형을 [그림 1-1]과 같이 만들 수 있다.

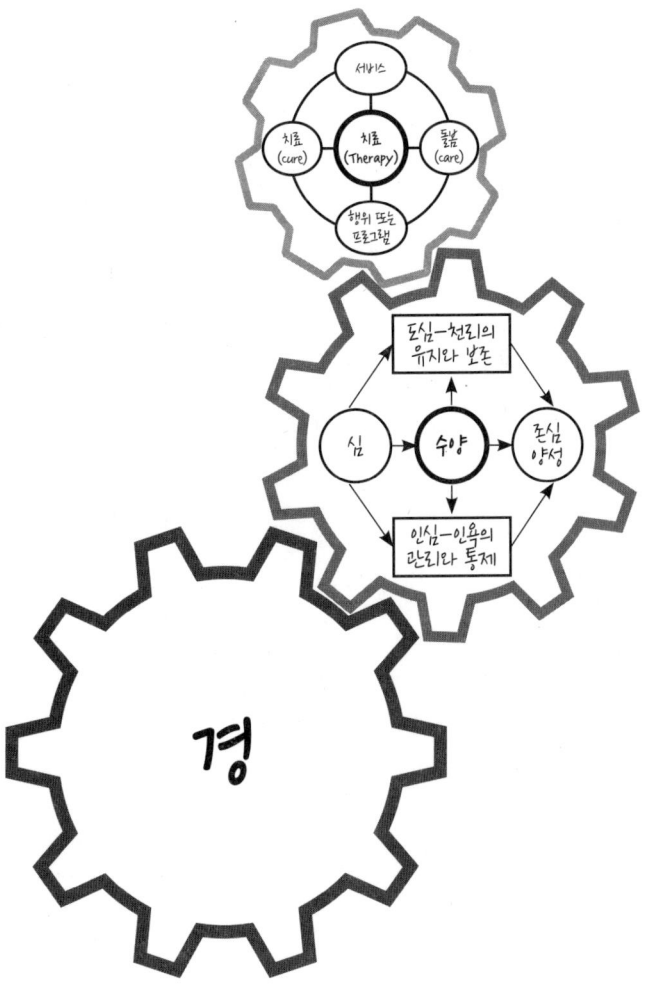

[그림 1-1] 수양치료 개념도

하단 좌측의 경(敬)이라는 주 엔진이 먼저 돌아가고 그 동력에 의해 그 다음 수양이라는 톱니가 작동하며 마지막으로 치료 장치에까지 동력이 전달될 때 수양치료가 일어난다. 이렇게 경(敬)은 수양을 작동시키는 원동력으로 작용하면서 현대적인 치료와 만나게 될 때 수양치료라는 하나의 프로그램으로 다시 태어날 수 있다. 여기서 [그림 1-1] 수양치료 개념도 중 치료(Therapy) 부분만 자세히 살펴보자.

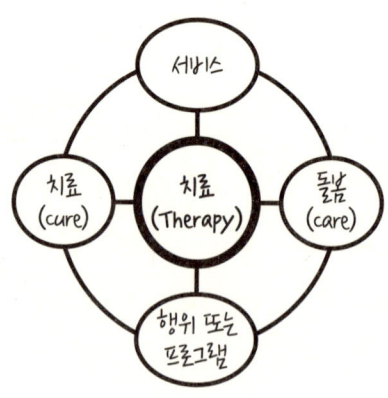

[그림 1-1] 중 치료 부분을 가져온 것

위에는 상위개념이자 핵심개념인 치료(Therapy)가 가운데 위치하고 왼쪽에 동일한 치료(cure)가 있다. 이때 소문자로 시작하는 cure로서의 치료는 상위개념인 Therapy의 하위

개념으로 같은 치료이지만 그 역할과 위상에서 다르다. 다시 말해서 Therapy는 의미 층위가 cure보다 더 복잡하고 중층적이라는 말이다. 수양치료라고 할 때 경에는 치료로서의 cure가 있는 것은 자명하다. 퇴계도 이점을 분명히 했다. "경(敬)은 모든 병의 약이다."* 문제는 그 다음이다. 가운데 핵심개념인 치료 위쪽에 서비스가 들어온다. 그러면 치료가 서비스라는 말이 되고 더 나아가 경이 서비스 기능을 한다는 말이다. 왜 그럴까? 수양치료는 약물에 의한 치료가 결코 아니다. 오로지 마음에 의한 마음의 치료가 수양치료인 것이다. 이것이 경이 서비스로 해석되는 지점이다. 마음이 마음을 치료한다고 하면 거기에는 치료받는 마음과 치료하는 마음이 동시에 있어야 가능한 일이다. 퇴계의 말대로라면 경에 이미 치료의 기능과 위상이 들어있으니 치료하는 마음은 곧바로 경(敬)이 된다. 이렇게 놓으니 경이 마음을 치료한다는 표현이 가능해진다. 그런데 경이 마음을 치료할 때 그 어떤 대가나 보상을 바라면서 마음을 치료하지는 않는다. 오로지 서비스 정신만으로 경이 작동하면서 우리 마음을 치료하게 된다. 다시 말해서 이런 관계는 경이 심에게 복무하는 구조로 읽혀지며 무료로 하는 활동이기 때문에 그것은 어디까지나 서비스다. 이제는 돌봄이다. 이것도 [그림 1-1]에서 치료라

---

* 敬是百病之藥

는 핵심개념의 오른쪽에 배치되어 있는 것인데, 왜 돌봄으로 볼 수 있는가? 이때 돌봄은 영어로 care 또는 attendance의 개념인데, 경이 이러한 기능을 하고 있다는 것이다. 이것은 다분히 존재론적인 측면을 발산하고 있는 경의 한 축이다. 경으로 우리 마음을 완전히 돌보고 있으면 그때 우리 존재는 성인(聖人)의 반열에 올라서게 된다는 유가의 관점 때문이다. 유가에서 성인(聖人)은 언제나 우리가 꿈꾸거나 달성해내야 할 존재론적인 이상향으로 그려진다. 이 점으로 인하여 퇴계도 성학(聖學)으로 들어가는 처음과 끝을 경(敬)으로 붙잡았다. 이제 마지막이다. [그림 1-1]에서 치료라는 중심개념 바로 밑에 행위와 프로그램이 배치되어 있다. 글자 그대로 행위는 act이고 프로그램은 program이다.*

---

*act는 치료의 과정에서 일어나는 행위라는 뜻이고, program은 act를 위해 필요한 치료의 구체적인 내용 체계라는 뜻이다.

4. 퇴계심학의 수양치료적 해석

 인간의 마음에 두 마음이 있다고 하자. 그러면 그 마음은 어떤 것들일까? 이 물음에 대하여 유가는 이렇게 답한다. "도심(道心)과 인심(人心)!"

❖ 유가 심학(心學)의 16자(字)* 심법(心法)

① 인심은 오로지 위태하고

② 도심은 오로지 은미하니

③ 오로지 정밀하고 오로지 전일하게

④ 진실로 그 중용의 도를 잡아라.**

 유가 심학의 16자 심법을 바탕으로 작성된 것이 [그림 1-2]의 『성학십도(聖學十圖)』〈제8심학도(第八心學圖)〉다. 이때 심학이란 유가 수양론의 주축으로 인간이 경(敬)을 통하여

---

*아래 원문의 총 글자 수가 16자이다. 구체적 것을 보려면 아래 주(注)를 참조하라.

**『서경(書經)』「우서(虞書)」〈대우모(大禹謨)〉: ① 人心惟危 ② 道心惟微 ③ 惟精惟一 ④ 允執厥中

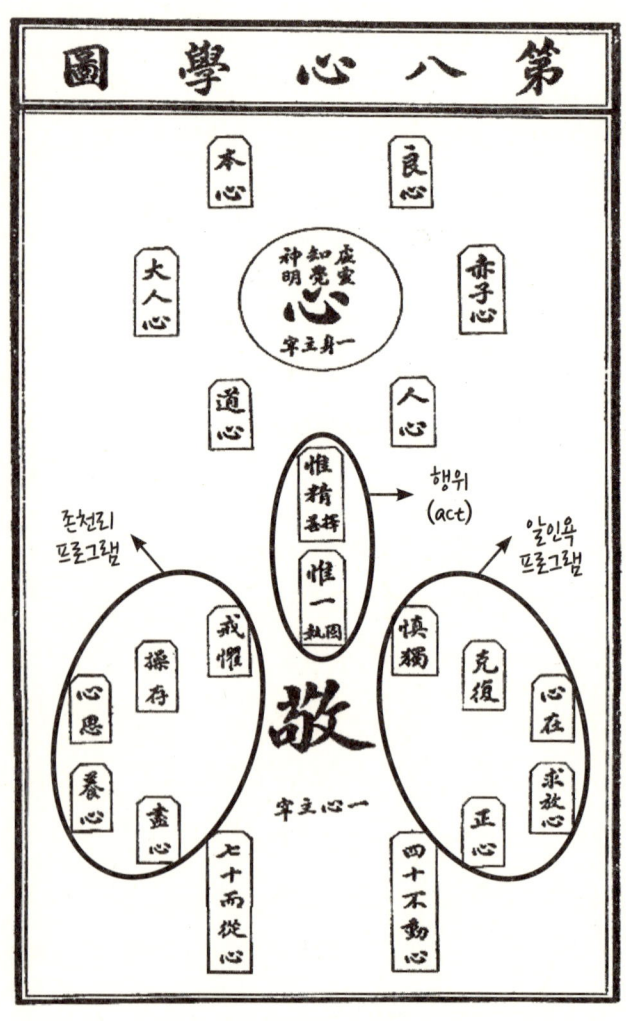

[그림 1-2] 심학도

인간의 마음을 수련하며 치료하는 모든 행위이자 프로그램을 말한다.

그렇다면 왜 이러한 해석이 가능할까? 이 점에 대해서는 "존천리알인욕"이라는 한자 여섯 자로 압축된 성리학의 수양 명제에서 그 실마리를 발견할 수 있다. "천리를 보존하고 인욕을 막아라."* 이 명제를 따라 수양론적으로 설계되어 있는 것이 〈심학도(心學圖)〉이다. 〈심학도〉의 상단을 보면 인간의 마음을 여섯 가지 — 대인심, 본심, 양심, 적자심, 인심, 도심 — 로 구분해 놓고 있다. 이러한 구분은 하나의 마음을 두고 다양한 이름을 부여해 놓은 것인데, 이러한 이름들 중에서 핵심은 당연히 인심과 도심에 놓인다. 그러면 위의 ①과 ②에서 말하고 있는 인심은 무엇이고 또 도심은 무엇인가? 이를 비유적으로 말하면 도심은 인간의 본성에서 나오는 목소리이며 인심은 인간의 욕망에서 나오는 신호음이다. 그런데 무엇 때문에 인심은 위태하고 도심은 은미하다고 말하는 것일까? 이를 아주 쉽게 말해보자. 어떤 상황에서 이(利)를 보고 의(義)를 먼저 생각하는 사람이 있는가 하면 그 상황에서 자신의 이(利)를 먼저 생각하는 사람도 있게 된다. 즉, 견득사의(見得思義)하는 사람도 있고 견득사리(見得思利)하는 사람도 있을 것이다. 그럴 때 인간의 마음

---

* 存天理遏人欲

은 대부분 견득사리(見得思利)하지 견득사의(見得思義)하지 않는다. 이 경우에 견득사의(見得思義)하는 것이 도심이자 도심의 작용이고 견득사리(見得思利)하는 것이 인심이자 인심의 작용이다. 그런데 견득사리(見得思利)하는 인심은 언제라도 인욕(人慾)으로 미끄러질 수 있기 때문에 위태롭다. 또한 우리가 견득사의(見得思義)하는 것도 그리 쉬운 일이 아니다. 그렇기 때문에 견득사의(見得思義)하는 도심은 인간에게서 언제나 활성화되지 않는다. 방금 활성화되지 않는다고 표현한 그것이 위의 ②에서 말하는 은미하다는 뜻이다. 〈미(微) → 활성화되지 않다〉로 말이다. 그렇기 때문에 인심이 인욕으로 미끄러지는 것을 막아내는 방법을 찾을 수밖에 없고 또 활성화되지 않는 도심을 활성화하는 방법을 퇴계는 고민하게 된다. 이런 자리에서 피어난 것이 이른바 〈심학도(心學圖)〉 하단의 중앙에 배치된 경(敬)이다. 그러므로 경은 견득사리(見得思利)하는 인심을 막아내는 장치이자 견득사의(見得思義)하는 도심을 지켜내는 파수꾼으로 자리 잡는다.

유가 심학의 16자 심법 중에서 ①②에 대하여 살펴보았고, 지금부터 ③④에 대하여 알아보자. 위 〈심학도(心學圖)〉에서 상단의 심의 권역과 하단의 경의 권역 사이에 '유정(惟精) — 택선(擇善)' 그리고 '유일(惟一) — 고집(固執)'이라는 글귀를 볼 수 있다. 이것은 심(心)과 경(敬) 사이를 이어주는 다리이자

'경이 살아서 작용하고 있는 상태'*를 말한다. 이를 [그림 1-2]에 적용시켜 읽으면 그것은 경이 작동하는 행위(act)를 지칭하며 ③에서 말하는 '유정유일(惟精惟一)'이다. 여기서 '유정(惟精)'은 '오로지 정밀하다'라는 뜻이다. 그러면 무엇에 정밀하다는 말인가? 그 답은 〈심학도(心學圖)〉의 유정 바로 밑에 있는 택선(擇善), 즉 선을 가려내는 것에 있다. 어떤 상황이나 사태가 있을 때 그것이 선인지 아니면 불선인지 자세하고 면밀하게 갈라내는 작업을 하는 것은 우리 마음속의 경(敬)이다. 그것만이 아니라 경은 또한 유일(惟一)을 행한다. 이때 유일(惟一)은 이것저것 쓸데없는 것에 마음을 빼앗기는 것이 아니라 한 가지 일에 전념하는 것을 말하는데, 그것이 이른바 고집(固執)이다. 오늘날 고집은 우리 어법에서 고집을 부린다와 같이 부정적인 뉘앙스를 품고 있지만, 이때 고집은 그런 고집이 아니라 "〈진실로[固]〉 〈선(善)을 '잡아두다/달아나지 못하게 붙들다/지키다/보존하다/꼭 가지고 놓지 아니하다[執]'〉"와 같은 다의적인 의미망을 구성한다. 이런 행위를 하는 것도 역시 경(敬)이다. 이와 같이 경이 활성화될 수 있도록 경이 구체적으로 수행하는 각종 프로그램(program)이 있다. 그것이 〈심학도(心學圖)〉에서 경의 권역을 중심으로 좌우에 배치되어 있는 것들이다. 경의 왼

---

* 活敬之態

쪽에는 다섯 가지 ─ 계구(戒懼·두려워함)·조존(操存·보존하려고함)·심사(心思·마음속에서 생각함)·양심(養心·본성을 기름)·진심(盡心·본성을 다함) ─가 있는데 이것들이 '존천리(存天理) 프로그램'이다. 한편 경의 오른쪽에는 다섯 가지─ 신독(愼獨·홀로 있을 때 삼가함)·극복(克復·사적 욕망을 이기고 본성을 회복함)·심재(心在·마음이 본성에 있도록 함)·구방심(求放心·방일한 마음을 다잡음)·정심(正心·마음을 바르게 함) ─가 있는데 이것들이 '알인욕(遏人欲) 프로그램'이다. 따라서 〈심학도(心學圖)〉에 의지해서 보면 경의 프로그램은 총 열 가지가 되는 셈이다. 이러한 유정유일(惟精惟一)이라는 경의 작동 행위(act)와 존천리알인욕(存天理遏人欲)이라는 경의 프로그램(program)을 우리 마음속에 하나의 시스템으로 견고하게 유지하는 것이 지경(持敬)이다. 따라서 ④의 〈진실로 그 중용의 도를 잡아라〉는 메시지는 우리 마음속에 지경 시스템을 완비해 놓고 그 어떤 경우라도 중용의 도─ 본성으로서의 천리가 활성화되어 있으면서 천리를 유지하고 보존하는 동시에 불선으로 미끄러질 수 있는 인욕을 관리하고 통제하는 방법으로서의 최적의 도 ─에서 벗어나는 행동을 하지 말라는 당위의 메시지와 같다. '존천리(存天理)'의 지평은 인간의 본성에 대한 낙관적 전망의 토로이고, '알인욕(遏人欲)'의 지평은 욕망에 대한 적절한 관리와 통제의 방법을 제공한다. 이런 패러다임은 오늘날 이성이 지배하는 시대에 이성 너머 자신의 욕망에 대한 성찰과 순화 그리고 욕망의 처리방법에 대한 기술을 제공한다.

  이러한 지평을 따라가 보면 우리는 인욕으로서의 인심을 관리와 통제의 대상으로 평가할 수 있다. 그러한 인심에서 빨리 벗어나 도심으로 향하도록 치료하는(cure) 것이 경(敬·Mindfulness)이다. 이것이 이른바 '알인욕(遏人欲)의 경(敬)'이다. 또한 천리로서의 도심은 도심이 인심으로 미끄러지지 않도록 다시 말해 우리 마음에서 도심이 항상 그 도심의 자리에 있으면서 도심을 유지하고 보존하는 온갖 돌봄(care/attendance)이 또한 경(敬)이다. 이것이 바로 '존천리(存天理)의 경(敬)'이다. 이와 같이 〈심학도(心學圖)〉 하단의 중심에 포진한 경을 중심으로 좌(左)로 '존천리(存天理)'하고 우(右)로 '알인욕(遏人欲)'하는 일을 공시적으로 만들어내는 우리 마음의 자발적인 기획이 바로 퇴계의 수양치료(Self-Cultivation Therapy)라 볼 수 있다.

5. 오로지 지경하라

수양치료는 도심의 보존과 인심의 방어라는 〈보존—방어〉 패러다임 위에 굳건히 서 있다. 그러면서 도심이 인심으로 미끄러지는 것을 예방하는 차원에서 경(敬)이 작동하고, 인심을 치료하여 도심으로 복귀시키는 차원에서도 경이 또한 작동한다. 그러므로 수양치료는 지경(持敬)을 통해서 우리 마음의 주재와 연동하는 수양의 종합 시스템이라 평가할 수 있다. 그 안에서 경이란 무색, 무취, 무형의 실체이면서 인간의 마음을 조절하고 통제하는 메타-장치이다. 그리하여 퇴계는 다음과 같은 경송(敬頌)을 통하여 경의 준엄한 메시지를 우리들에게 보낸다.

정일하게 마음으로 전하는 경이 요체이니

완전 또랑또랑 깨어 있는 지점에서 스스로 밝고 또 밝다.

다만 날마다 사용하는 공부를 더하는데 있으니

싫증난다고 어린 싹을 뽑아 죽이는 짓을 배우지 말라.*

---

*精一心傳敬是要 儘惺惺地自昭昭 但加日用工夫在 莫學芒芒去揠苗

경(敬)이 주재하는 심학 패러다임은 실제 삶에서 인간이 어떻게 욕망을 순화하고 처리할 것인지에 대하여 직접적으로 다룬다. 주일무적(主一無適)하는 경으로 삶의 주파수를 한 곳에 맞추어 중심을 잡고 아름다운 궤도를 만들어나가라. 그러면 두리번거리지 않는 삶에서 잡음은 저절로 떨어져 나가며 자연스레 우리의 욕망은 조절된다. 그렇기에 경(敬)은 수양을 위한 act이자 program인 것이다. 이처럼 퇴계심학은 마음의 부패구조에 대한 치료, 즉 수양치료로 나아가는 길을 내준다.

경을 기반으로 했던 퇴계의 심학담론은 현재 우리들에게 어떤 의미를 던져주는 것일까? 성리학담론은 전통이라는 이름으로 우리들에게 말을 걸어오지만 우리들은 그곳으로 다시 돌아갈 수 없다. 그것은 돌아가고 싶어도 영원히 돌아갈 수 없는 고향과 같다. 그러나 우리가 퇴계의 심학 전통을 가지고 현재의 새로운 고향 만들기는 언제라도 가능하다. 이것은 퇴계심학을 현대적 응용유학이라는 이름으로 활용하여 추후 되살릴 수 있다는 가능성이다. 이러한 점 때문에 수양치료는 전통의 맥락 없는 복고가 아니라 사라진 것들에 대한 존숭이다. 그것은 경의 좌표 복원을 통하여 도심을 잃어버리고 인심만으로 살아가는 현대인에게 수양이라는 이름으로 전통의 목소리를 찾아 떠나는 순례의 길이다. 마치 퇴계가 오로지 성인(聖人)이 되기 위하여 '성리학의 수도승(Neo-Confucian monk)'으로 한평생 살아간 것처럼 말이다. 그러니 성인(聖人)이 될 수 있음을 모르고 살아가는 이들에게 '수양치료제'라는 이름으로 포장된 경을 처방하라. 현대에 수양의 결락지점, 바로 그 지점에 퇴계심학이 우뚝 서 있다 하리라!

Self-Cultivation Therapy

2

율곡의 수양치료*

---

*〈서명석(2017). 율곡 몸공부법의 수양치료적 이해. *교육사상연구*, *31*(41), 109-126.〉
이 장은 해당 논문을 수정하고 보완한 것이다.

1. 먼저 사람이 되어라!

소학(小學)은 사람을 만드는 틀이다. — 주자

〈먼저 사람이 되어라!〉〈먼저 사람이 되어라!〉 그렇다면 우리가 정녕 사람이 되고 있지 않다는 말인가.

〈#1〉 실화 한 토막

나는 2017년 3월 외과 수술을 마치고 ○○병원 725병실에 누워 있었다. 때마침 학교에서 축구를 하다가 다리가 부러져 입원한 고등학교 2학년 남자학생이 같은 병실에 입원해 있었다. 그날 오후 그 학생의 또래 친구로 보이는 고교생들이 병문안차 병실을 찾아왔다. 그런데 그들이 나누는 대화는 너무 심했다. 그들이 서로 주고받는 온갖 비속어와 욕설 그리고 막말을 나는 더 이상 들을 수 없었다. 나는 40분 정도 꾹 참고 듣고 있다가 하는 수 없이 큰 소리로 혼내고 병실 밖으로 그들을 내쫓았다.

『혼불』의 작가 최명희(1947~1998)는 이렇게 말한다: "언어는 정신의 지문(指紋)이다." 그렇다면 위 실화에 등장하는 학생들의 정신의 지문은 어떠한 모습일까. 짐작하건대 그렇게 아름다운 정신의 지문은 아닐 것이다. 어쩌다가 우리 청소년들이 이렇게 되었을까. 저런 학생들을 교육적으로 치료할 수 있는 교육 프로그램은 무엇일까?

이런 문제를 치료하는 길은 많이 있겠지만 나는 전통에서 하나의 길을 내고자 한다. 조선 성리학에 소학(小學)이 있다. 이때 소학은 학동(學童)이 처음 배움[學]의 세계로 입문하는 시기에 학습하는 책이라는 의미와 함께 그들을 처음 배움의 세계로 입문시키기 위한 프로그램이라는 이중적 의미를 담고 있다. 우리에게 소학이란 무엇인가? 그것은 잃어버린 전통이며 그 중에 율곡(栗谷·1536~1584)의 소학 프로그램이 있다. 그 프로그램이 바로 『격몽요결(擊蒙要訣)』이다. 율곡의 소학 프로그램인 『격몽요결』을 우리는 어떻게 현대적으로 평가할 수 있을까? 이런 질문이 방금 든 〈#1〉 실화 한 토막과 연동해서 오늘날 우리에게 전해주는 메시지를 간취해 내는 것이다. 그러면서 〈먼저 사람이 되어라!〉가 과연 무엇을 말하려고 하는 것인가를 나는 살펴볼 것이다.

이를 위하여 『격몽요결』의 전체 텍스트 중에서 〈#1〉 실화 한 토막에 등장하는 학생들을 치료하는 데 가장 효과적일 수 있는 최소한의 텍스트인 구용(九容)과 구사(九思)만을 여기서 다룬다. 구용과 구사는 율곡의 저작 『격몽요결』 「지신장(持身章)」에 수록되어 있다.

2. 성리학의 배움[學] 디자인

성리학은 한마디로 주자가 집대성한 철학 체계다. 이것이 조선으로 유입되어 조선 중기 퇴율의 손을 거치면서 만개했다. 이것은 아주 단순한 사실이다. 이런 사실 너머의 세계로 들어가 보자. 그래야만 성리학의 세계가 손에 잡힌다. 주자는 그의 성리학적 건축물을 축조해서 소학-대학이라는 패러다임을 견고하게 구축한다. 아래 [그림 2-1]이 이것을 쉽게 형상화해 놓은 것이다. 그는 성리학의 배움[學]을 소학(小學)과 대학(大學)이라는 두 축으로 설계했다. 그것들이 이른바 소학 디자인이고 대학 디자인이다. 그러면서 주자는 소학의 사다리를 타고 올라 대학의 문으로 들어가라!라는 그만의 캐치프레이즈를 선포한다. 이때 소학은 성리학에서 배움으로 들어가는 출발점이며 대학은 그런 배움의 종착점이다. 그런데 소학 디자인과 대학 디자인은 일종의 복층구조로 소학의 계단을 타고 올라 대학에 이르는 구조다. 이럴 때 소학 디자인과 대학 디자인에서 디자인을 공부로 대체하면 성리학에서 소학 공부는 대학 공부로 가기 위한 일종의 사다리인 셈이다.

이러한 아이디어가 박연호의 소학-대학 계제설(階梯說) 또는 근본배양설(根本培養說)이다. 여기서 계제설과 근본

[그림 2-1] 성리학의 배움틀로서의 소학-대학 패러다임

배양설은 같은 것의 다른 표현이며 근본배양설이란 소학 공부가 근본이고 그 다음이 대학 공부라는 뜻이다.

❖ 성리학의 두 가지 배움 디자인
- 소학(小學)[작은 배움·Little Learning] — 형이하학
- 대학(大學)[큰 배움·Great Learning] — 형이상학

소'학'과 대'학'에서 '학'은 현대교육에서 유통되는 학습(learning)과 매우 다른 것이다. 오늘날 행동의 변화로서의 학습은 미국에서 수입한 학습심리학—크게는 교육심리학에서 취급하는 것—에서 중요하게 다루는 지식·기능·태도 등을 습득하는 것이다. 반면 성리학에서의 배움[學·Learning]은 성인됨을 목표로 삼고 이를 달성하기 위하여 설계된 내용체계다. 그러니 그것은 학습심리학에서 다루는 내용과 필연적으로 다를 수밖에 없다. 그 중에서 주자는 소학의 성격을 '『소학』에 대한 자신의 제목 붙임'에서 이렇게 말하고 있다.

"어린 시절에 반드시 소학을 강[講·일종의 학습법으로 글을 배운 스승이나 시험관 또는 웃어른 앞에서 배운 내용을 외우는 활동]하며 익히도록 시킨 것은 그 익힘이 지혜와 함께 성장하며

[그로 인한] 교화가 마음과 함께 이루어지니 막혀서 감당하지 못하는 근심이 없도록 하려는 것이다."* 여기서 주자가 강조하는 것은 오늘날로 말하면 소학의 내용을 달달 외워서 막힘없이 그 내용을 실제 삶 속에서 운용하여 그 내용에 마음이 교화됨은 물론 삶의 지혜가 함께 자라난다는 뜻이다. 소학(小學)에서의 소(小)는 오늘날 초등학교 입학 나이인 8세부터 중학생 시기인 15세 사이를 말하며 학(學)은 그 시기에 한 사람으로서 이 세상을 살아가는데 반드시 익혀서 실천해야 할 내용에 대한 배움이다. 반면 대학(大學)에서 대(大)는 15세 이후를 말하고 그 시기에 배울 내용이 학(學)이다. 그러니 성리학에서 말하는 대학은 오늘날 고등교육기관으로서의 대학과 하등 연관이 없다.

그렇다면 성리학에서 소학과 대학의 성격이 과연 무엇이란 말인가? 이에 대하여 다산은 『소학지언(小學枝言)』에서 이렇게 그의 소견을 들려준다. "대학은 대도를 실천하고 대예를 익히는 것이며, 소학은 소도를 실천하고 소예를 익히는 것이다." 이러한 다산의 생각을 좀 더 정밀하게 읽어보자. 위 단락에서 대(大)와 소(小)를 배움의 시기로 나누어 말한 적이 있다. 그런데 대와 소에는 그런 뜻만 있는 것이 아니라 뒤에 나오

---

*『소학(小學)』「서제(書題)」: 必使其講而習之於幼穉之時 欲其習與智長 化與心成 而無扞格不勝之患也

는 학(學)에 대한 성격을 대와 소가 또 일러준다. 이 점을 다산이 말해주고 있는 것이다. 이것은 '대'를 'Great'로 '소'를 'Little'로 영역한 것과 일맥상통한다. 순서를 바꾸어서 이때 '소'는 '형이하학'의 세계를 말하고, '대'는 '형이상학'의 세계를 말한다. 데카르트는 학문을 나무에 비유해 그 나무의 뿌리인 철학을 형이상학이라 하였고, 그 나무의 줄기인 자연과학을 형이하학이라 하였다. 그렇지만 〈・소학 → 형이하학, ・대학 → 형이상학〉이라는 구도는 데카르트의 학문 분류 방식과 아무런 연관이 없다. 소학이란 단순하고 구체적인 형국의 자잘한 일상에서 사람이 반드시 지켜 행해야 하는 수칙이라는 점에서 형이하학이라는 것이다. 그래서 'Little'이다. 반면 대학이란 소학보다 더 복잡하고 더 추상적인 이치를 다룬다는 점에서 형이상학인 것이다. 그래서 'Great'다. 이런 점 때문에 다산은 원문에서 대학을 대도(大道)로 소학을 소도(小道)로 표현하고 있다.

    이를 그대로 직역하면 대도는 큰길을 소도는 작은 길을 말한다. 하지만 다산이 말하는 대도와 소도는 그런 길이 아니다. 이때 접두사인 대와 소는 물리적으로 크고 작은 것이 아니라 뒤에 나오는 학(學), 즉 배움의 성격을 규정하는 한정어로 쓰인다. 그런데 문제는 대도(大道)와 소도(小道)에서의 도(道)가 문제다. 여기서 도(道)는 도리(道理)를 말한다. 이 경우에 도리란 사전적으로 말해서 사람이-마땅히-행하여야-할-바른-길이다. 따라서 이때 도(道)는 '도리(道理) 도(道)'자(字)다! 다산이 앞의 『소학지언』에서 피력한 그의 소견을 다시보자. 그 원문에 대예(大藝)와 소예(小藝)가 있다. 다산의 지적대로 대예는 대학에서 다루는 것이요, 소예는 소학에서 다루는 것이다. 이제 남은 것은 예(藝)다. 이때 예는 기예나 법도를 말한다. 오늘날로 말하면 기예는 사람이 이 세상을 살아가는데 사람으로서 꼭 필요한 각종 기술(skills)에 해당되며, 법도는 오늘날로 치면 실생활에 꼭 필요한 법률과 제도로서의 각종 표준(canons)에 해당된다.

  이를 종합해 보자. 소학과 대학은 사리(事-理)를 탐구하는 배움이며, 그 중에서 소학은 특히 일상 공부인 사(事)의 세계에 집중하게 되어 있고, 대학은 초일상의 공부인 이(理)의 세계에 더욱 집중하는 구조로 되어 있다. 그런데 그 구조가 사(事)에서 이(理)로 넘어가는, 즉 소학을 통하여 대학으로 들어가는 구조가 성리학의 공부정칙인 셈이다. 이 가운데 특히 다산은 주자의 소학을 이렇게 평가했다: "주자가 이른바 [소학이] 사람을 만드는 틀이라고 하였는데 참 지극한 말이다."*

---

*『소학지언(小學枝言)』: 朱子所謂做人樣子誠至言也

3. 몸과 마음에 대한 수양적 통합

공자는 『논어(論語)』「헌문(憲問)」에서 수기(修己)를 말하고 있으며, 『대학(大學)』에도 수신(修身)이 나온다: "오로지 모두 수신을 근본으로 삼는다."* 여기서 '수기'에서의 '기(己)'와 '수신'에서의 '신(身)'이 같은 것인가 아니면 다른 것인가를 의심할 수 있다. 서둘러 결말부터 말하면 이 둘은 같은 것의 다른 표현일 뿐이다. 이것들을 현대적으로 번역하면 '수기'도 '몸닦기'이요, '수신'도 '몸닦기'이다. 실제 <월인천강지곡(月印千江之曲)>을 보면 거기서 '수신'을 '몸닷기'로 쓰고 있다. '몸닷기', 즉 이것의 현대 표기법이 '몸닦기'다. 어쨌거나 수기도 몸을 닦는 것이요 수신도 몸을 닦는 것이다. 몸을 닦고 또 닦아라! 이것이 수기와 수신이 전해주는 메시지다. 그러나 이런 몸닦기가 오늘날 몸이 더러워져서 우리 몸을 닦는 그런 행위는 분명 아니다.

그 전에 몸이란 무엇인가? 순우리말인 몸은 모음에서 나왔다. 두 음절인 이 모음을 한 음절로 빠르게 축약시키면 몸이 된다. <・모음→몸>으로 말이다. 그리고 이 모음은 모으다의 명사형이다. 이러하기에 몸을 구성하는 여러 것들이 모여서 이

---

*『대학(大學)』: 壹是皆以修身爲本

루어진 것이 몸이다. 여기서 '모여서'는 그 원형이 모이다로 모이다는 모으다의 피동형이다. 이런 몸 속에 우리 마음이 산다! 이제 남은 것은 닷기, 오늘날 표기로 닦기는 닦다의 명사형이다. 따라서 닦기[修]는 무언가를 닦는 활동의 총칭이다. 이때 무언가가 바로 우리 몸이고 우리 마음이다. 결국 몸닦기는 우리 몸과 우리 마음을 닦는 활동인 것이다.

 이렇게 우리 몸과 우리 마음을 닦는 활동을 동양 전통에서 수양(修養·Self-Cultivation)이라 불렀다. 우리가 몸을 닦고 마음을 닦아 몸과 마음의 질성(質性·qualitas)을 더 높은 경지로 끌어올리는 활동, 이것이 동양의 수양이다. 그러니 몸의 질과 마음의 질을 끌어올리려고 한다면 우선 몸과 마음을 닦아라! 이것이 수양으로서 '몸과 마음[身心]'에 대한 공부인 것이다. 이를 다시 세분해보면 몸닦기는 몸공부가 될 것이요, 마음닦기는 마음공부가 될 것이다. 여기서 몸은 그 자체로 우리 몸이고 마음은 우리 몸 속에서 상주하는 것이다. 그러면서 마음은 몸에 숨어 있다. 몸은 드러나기에 유형이자 보임이며 철(凸)이다. 반면 마음은 드러나지 않기에 무형이자 숨음이며 요(凹)다.

 이때 철(凸)은 밖으로 드러나는 세계를 상징하고, 요(凹)는 안으로 숨어있는 세계를 상징한다. 보이는 세계와 숨어있는 세계가 함께 모여서 전체 세계를 이룬다. 이는 〈보이는 세계로서의 철(凸) + 숨어있는 세계로서의 요(凹) = 전체 세계[合體]〉

가 될 수 있다. A, B, C가 있다고 하자. 이때 A를 1, B를 2, C를 3으로 놓자. A = 1, B = 2, C = 3으로 말이다. 이런 조건 하에서 1 + 2 = 3과 같은 등식이 있다면, 이것은 A + B = C와 같다. 여기서 우리 몸을 1에다 대입하고 우리 마음을 2에 대입해보자. 그러면 〈우리 몸 + 우리 마음〉 → 〈1 + 2〉 → 〈A + B〉와 같은 식으로 기호의 전환이 일어난다. 그러면서 최종적으로 몸과 마음이 합쳐져서, 즉 숫자로 말하면 1과 2가 합쳐지고 기호로 말하면 A와 B가 합쳐져서 더 큰 우리 몸, 즉 숫자로 3 그리고 기호로 C가 된다. 이때 C는 A와 B의 결합체이자 연합체 또는 통합체가 된다. C[몸과 마음이 합쳐진 더 큰 우리 몸] = A[우리 몸] + B[우리 마음]로 말이다.

  이것을 아래 [그림 2-2]를 통해 다시 보도록 하자. 우리 몸이 있다. 그런데 그런 우리 몸에는 그냥 몸과 그 몸 속에 사는 마음이 있다. 그리고 그런 몸과 마음이 하나로 통합된 형태의 더 큰 몸도 있을 수 있다. 이때 몸 그 자체로의 그냥 몸이 몸1이고, 그 몸 속에 사는 것이 마음이며, 이런 몸1과 마음의 통합체가 몸2가 되는 것이다. 그런데 몸2는 몸1과 마음이 별개의 방식으로 작동하여 운용되는 것이 아니라 몸1과 마음이 서로 호응하고 연대하며 반응하는 것이다. 이런 가정으로 동양의 몸과 마음은 서로 떨어뜨려 놓고 볼 수 있는 것이 아니기 때문에 정신[心]과 육체[身]를 별개로 떼어 놓고 보는 데카르트의 심신이원론과 매

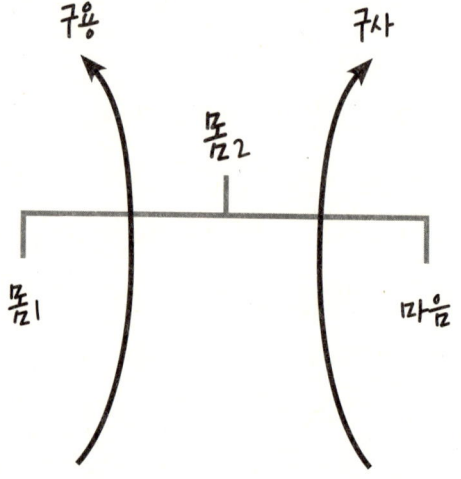

[그림 2-2] 몸의 위상과 몸과 마음의 관계도

몸1: 몸공부의 세계

마음: 마음공부의 세계

몸2: 몸공부와 마음공부의 통합 세계

빌등 라인: 아래에서 위로 올라가는 두 화살표

우 다르다. 하여간 몸공부는 몸의 수양을 말하고 [그림 2-2]에서는 몸1의 세계이다. 또한 마음공부는 정신의 수양을 말하고 [그림 2-2]에서는 마음의 세계이다. 이러한 몸공부와 마음공부의 통합 세계가 [그림 2-2]에서 몸2의 공부가 되는 것이다. 따라서, < • A + B = C → 몸공부[A]와 마음공부[B]가 하나로 온전하게 통합된 공부의 세계[C]를 이룬다!>가 수양공부의 세계인 것이다. 그러므로 몸닦기는 협의로 보아 그냥 몸을 닦는 몸공부[몸1]와 광의로 보아 몸1과 마음을 동시에 아우르며 이 둘을 모두 닦는 몸공부[몸2]가 있을 수 있다. 이 점을 우리가 절대 간과해서는 안 된다. 이런 몸공부의 대표적인 방법으로 율곡의 소학 프로그램인 구용과 구사가 있다.

4. 몸치료의 실제

나의 몸[이때 몸은 몸과 마음의 통합체]을 닦기[修]의 대상으로 바라보는 특이 전통, 이 속에 구용(九容)과 구사(九思)가 있다. 이를 통해 율곡은 성인(聖人)으로 가는 일종의 지름길을 우리에게 제시해 놓은 것이다. 본래 구용과 구사는 주자의『소학』프로그램 중「경신(敬身)」편에 들어 있다. 이때 경신이란 우리 몸을 삼가고 경계한다는 뜻이다. 이런 맥락이 몸공부의 정초 지점인 것이다. 아래 텍스트는 율곡이 주자의 것을 더욱 보강하여 정돈한 구용과 구사의 내용이다.

❖ 구용 텍스트

①발의 모양을 무겁게 하라. 발걸음을 가볍게 행동하지 않는 것이다. 존경하는 사람이나 나이 든 사람 앞으로 달려 나아갈 때에는 이것에 구속될 필요는 없다. ②손의 모양을 공손하게 하라. 손을 제멋대로 하거나 해이해짐이 없이 하고, 특별한 일이 없으면 의당 단정하게 두 손을 공수하고 망령되이 움직이지 않는다. ③눈의 모양을 단정히 하라. 눈동자를 안정시켜서 바라보는 것과 우러러보고 굽어보는 것을 마땅히 바르게

할 것이며 함부로 흘겨보거나 샷되게 훔쳐보아서는 안 된다. ④ <u>입의 모양을 다물게 하라.</u> 말을 하거나 음식을 먹을 때가 아니면 입을 항상 움직이지 않는다. ⑤ <u>목소리의 모양을 조용하게 하라.</u> 마땅히 형기(形氣)를 고르고 가다듬어 구역질이나 가래, 침 등의 잡소리를 내서는 안 된다. ⑥ <u>머리의 모양을 곧게 하라.</u> 마땅히 머리를 바르게 하고, 몸을 곧게 해야 하며 머리를 기울여 돌리거나 한쪽으로 치우치게 해서는 안 된다. ⑦ <u>숨의 모양은 엄숙하게 하라.</u> 마땅히 호흡을 고르게 할 것이요, 멋대로 소리가 나게 해서는 안 된다. ⑧ <u>서있는 모양은 덕스럽게 하라.</u> 똑바로 서서 치우치지 않아 삼가 덕이 있는 기상을 만든다. ⑨ <u>얼굴빛을 장엄하게 하라.</u> 얼굴빛을 단정히 하여 태만한 기운이 없어야 한다.*

---

*『격몽요결(擊蒙要訣)』「지신장(持身章)」: ① <u>足容重</u> 不輕擧也 若趨于尊長之前 則不可拘此 ② <u>手容恭</u> 手無慢弛 無事則當端拱 不妄動 ③ <u>目容端</u> 定其眼睫 視瞻當正 不可流眄邪睇 ④ <u>口容止</u> 非言語飮食之時 則口常不動 ⑤ <u>聲容靜</u> 當整攝形氣 不可出噦咳等雜聲 ⑥ <u>頭容直</u> 當正頭直身 不可傾回偏倚 ⑦ <u>氣容肅</u> 當調和鼻息 不可使有聲氣 ⑧ <u>立容德</u> 中立不倚 儼然有德之氣像 ⑨ <u>色容莊</u> 顏色整齊 無怠慢之氣(①에서 '밑줄 친 부분'이 '원문'이고 그 외 나머지가 율곡의 풀이다. 아래도 이와 같다.)

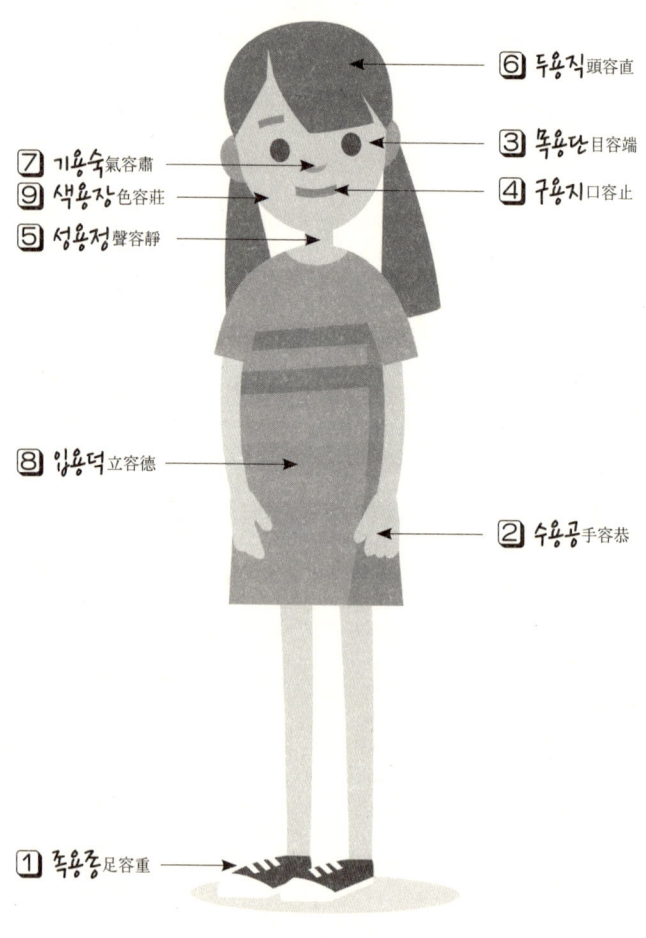

[그림 2-3] 구용법의 신체배치도(서명석, 2017)

❖ 구사 텍스트

①볼 때는 바로 볼 것을 생각하라. 볼 때 가려진 것이 없으면 분명하여서 보이지 않는 것이 없다. ②들을 때는 똑똑히 들을 것을 생각하라. 들을 때 막힌 것이 없으면 귀가 밝아서 들리지 않는 것이 없다. ③얼굴빛은 온화하게 가질 것을 생각하라. 얼굴빛이 온화하고 퍼져서 화나고 사나운 기색이 없다. ④용모는 공손할 것을 생각하라. 한 몸의 몸가짐이 반듯하고 씩씩하지 않음이 없다. ⑤말은 충직하게 할 것을 생각하라. 한마디를 하더라도 충직하고 신실하지 않음이 없다. ⑥일은 경건하게 할 것을 생각하라. 한 가지를 하더라도 경건하고 신중하지 않음이 없다. ⑦의심나면 물을 것을 생각하라. 마음에 의심이 생기면 반드시 먼저 깨달은 자에게 나아가 살펴 물어서 알지 않고서는 그대로 두지 않는다. ⑧화가 나면 어려움이 생길 것을 생각하라. 화가 나면 반드시 징계하되 이치로써 스스로 극복해야 한다. ⑨이득을 보면 의를 생각하라. 재물을 얻게 되면 반드시 의리와 이익 사이를 밝게 변별하여 의리에 부합한 뒤에 취한다.*

---

*『격몽요결(擊蒙要訣)』「지신장(持身章)」: ① 視思明 視無所蔽則明無不見 ② 聽思聰 聽無所壅則聰無不聞 ③ 色思溫 容色和敍無忿厲之氣 ④ 貌思恭 一身儀形無不端莊 ⑤ 言思忠 一言之發無不忠信 ⑥ 事思敬 一事之作無不敬愼 ⑦ 疑思問 有疑于心必就先覺審問不知不措 ⑧ 忿思難 有忿必懲以理自勝 ⑨ 見得思義 臨財必明義利之辨合義然後取之

이제 위의 〈#1〉 실화 한 토막과 구용과 구사 텍스트의 시간(視間), 즉 시선의 사이를 뚫고 지나가보면 그와 같은 일이 생겨나는 현실 지평은 엄혹하다. 조선시대『소학(小學)』은 그 시대의 학동들에게 가장 많이 읽힌 책이다. 원래 주자가『소학』프로그램을 창안한 핵심적 아이디어는 몸공부와 이에 기반한 예도(禮道)의 실천이었다. 오늘날 현재 이 책을 읽는 청소년은 거의 없다. 그러니 그들이 구용과 구사를 알 리 없다. 그들이 구용과 구사를 알지 못하는데 어떻게 그들이 실생활에서 구용과 구사를 실천하겠는가. 그러하니 〈#1〉 실화 한 토막 같이 병실에 어른이 있거나 말거나 그들은 막말과 쌍욕을 일상에서 아무 거리낌 없이 내뱉는다. 이런 저간의 사정으로 보면 그들은 현재 무례병·비례병·막말병·쌍욕병 등의 환자인 셈이다. 이들의 이런 병을 치료할 수 있는 방법은 과연 무엇이란 말인가? 방법은 여러 가지가 있을 수 있다. 그 중에서 구용과 구사도 하나의 방법이 될 수 있다. 그들이 그들의 몸과 마음 속에 구용과 구사를 칩처럼 탑재하고 있었다면 아마 그렇게 행동하지 않았을 것이다.

〈#1〉 실화 한 토막의 대목에 놓이면, 이 글의 서두에 등장하는 〈먼저 사람이 되어라!〉의 표어는 인향(人香), 즉 사람에게서 나오는 향기의 문제를 취급하는 것으로도 읽을 수 있다. 지금 그들에게는 인향이 나오지 않는다. 방금 사용한 비유적 표현으로서의 인향은 인문(人文), 즉 인간이 그려내는 무늬와 곧장 연결된다. 그런데 인간이 그려내는 무늬인 인문은 인간의 몸과 떼놓고 생각하기 어렵다.

실제 『설문해자(說文解字)』를 보면, 문(文)을 이렇게 풀고 있다: "문(文)은 교차하여 그린다는 것이다. [이것은] 교차하는 무늬를 상형한다."* 따라서 문(文)은 무늬다! 박인철의 『현상학과 상호문화성』에서 "몸은 문화를 만드는 근원적 터전이다"라는 요지를 정곡만을 찔러 버전을 달리해서 말해보자. "몸은 문화를 직조하는 최전선이다." 그러므로 우리가 우리 몸을 실생활에서 어떻게 관리하고 운용하는가 하는 것은 사람이 만들어내는 무늬의 배열을 다르게 만든다. 이러한 가능성 때문에 몸에 구용과 구사를 탑재한 사람과 그렇지 못한 사람 사이에는 인문의 질서가 다르게 나타날 것이다. 이런 측면에서 보면, 율곡이 내세우는 구용과 구사의 소학 플랜은 일종의 플랜이면서 동시에 청소년을 오늘날 인문화(人-文-化·사람의-무늬를-만들어감)할 수 있는 소학 프로그램으로 승격될 수 있다.

그리고 푸코는 『비판이란 무엇인가? 자기 수양 *Qu'est-ce que la critique? La culture de soi*』이라는 책에서 자기 수양은 치료의 기능을 갖는다고 말했다. 이런 푸코의 언명을 이어받으면 구용과 구사도 당연히 치료의 기능을 갖는다.

---

*『설문해자(說文解字)』: 文 錯劃也 象交文

〈#1〉의 실화 한 토막에 등장하는 학생들을 보자. 이들은 지금 무람없다. 다시 말해 그들은 병실에서의 예의도 지키지 않으며 그들은 말과 행동을 삼가고 조심하는 바가 없다. 그러므로 그들은 현재 무례병과 비례병을 앓고 있다. 그것만이 아니다. 그들이 나누는 대화를 들어보면 그들은 막말병과 쌍욕병을 앓고 있다. 그래서 그들의 몸을 양정(養正·몸과 마음을 옳고 바르게 닦는 활동)할 필요가 있다.

이런 양정 프로그램으로 구용과 구사가 들어올 수 있는데, 구용과 구사는 이때 무례병·비례병·막말병·쌍욕병을 치료하기 위한 치료제로 투입되는 것이다. 그러면서 구용과 구사는 그들에게 빌둥(Bildung·인간 형성의 총체적 과정) 프로그램으로 그 역할을 수행한다. 그러므로 구용과 구사는 주자가 제안하고 율곡이 더욱 정교화한 소학 프로그램이지만 이 속에서 오늘날 다음과 같은 변주가 일어난다. 〈·구용과 구사 → 몸공부 ≒ 수양치료[수양을 통한 몸의 치료] ≒ 인문치료[사람의 무늬 형성을 위한 치료 활동] ≒ 몸치료〉로 말이다. 이때 ≒는 같은 것이 다르게 변주하는 코드다.

이 중에서 몸공부의 변주가 끝나는 몸치료(Mom Therapy)에 집중해보자. 이 맥락에서 몸치료란 무례병·비례병·막말병·쌍욕병을 앓고 있는 청소년을 구용과 구사를 통해 무례(無禮) → 유례(有禮), 비례(非禮) → 시례(是禮), 막말 → 고

운말, 쌍욕 → 선언(善言)으로 바꾸어주는 의도적이며 계획적인 활동이다. 이런 몸치료를 통하여 치료 전 비격조인 또는 비문화인에서 치료 후 격조인 또는 문화인으로 그들을 탈바꿈시킨다. 이러한 빌둥(Bildung·인간을 격조 있게 문화화하는 총체적 과정) 라인이 [그림 2-2]에서의 구용과 구사인 것이다. 따라서 율곡의 구용과 구사는 몸의 통치술 또는 자기 통치술로서 기술 중의 기술, 즉 으뜸 기술이라는 치료 활동으로 재평가할 수 있다. 구용과 구사는 일상 속에서 우리에게 꾸준한 실천과 지속적인 훈련을 요구하는 삶의 기술이다. 이런 실천과 훈련을 통해서 몸을 양정(養正)하는 것, 이것을 율곡이 구용과 구사의 행간에 뿌려놓았다고 재해석할 수 있다.

5. 사람다운 무늬를 만들자

〈먼저 사람이 되어라!〉는 이제 우리에게 기억소(記憶素·mnemon)로만 남아 있다. 그러면서 우리는 고향 상실의 시대를 살고 있다. 횔덜린은 〈고향〉에서 이렇게 노래한 적이 있다. "나 또한 고향으로 진정 돌아가고 싶네." 이때 고향은 지리적 장소의 층위가 아니라 전통이 살아있는 현실로서의 모습이다. 우리에게 그런 고향은 이제 없다. 왜냐하면 그것은 지리적 고향같이 다시 돌아갈 수 있는 고향이 아니라 우리가 다시 만들어야 하는 그런 고향이기 때문이다.

교육은 치료다! 이것은 루돌프 슈타이너가 교육을 바라보는 선언적 명제다. 그래서 율곡이 오래전에 제시했던 소학 프로그램으로서의 구용과 구사는 완전한 치료 프로그램이자 오늘날 같이 청소년에게 제공하는 인문학 프로그램의 부실과 부재의 한가운데에서 의미 있는 참고 거리다. 소학 멸절의 시대에 우리 인문교육은 지금 어디로 가고 있는가. 우리는 교육 프로그램에서 무엇이 사람으로서의 도리이고, 이런 도리가 어떤 의미이고, 실제 삶속에서 이런 도리를 어떻게 운용해야 하는지에 대하여 가르치고 배우지 않는다. 하지만 율곡이 주창하는 몸공부에서 그 몸이 일차적으로 인문에 물을 공급하는 수원지가 된다.

이렇게 문화형성의 첨병, 그 자리에 몸공부의 주체로 우리 몸이 위치한다. 따라서 몸은 세계의 주체이고, 그 몸이 어떻게 작동하느냐는 인간의 실존이다. 우리 몸은 몸에 배인 습관적인 틀에 따라 어떤 방향성을 가지고 움직인다. 이런 우리 몸은 반복과 훈련을 통해 몸의 습관성이 더욱 견고해진다. 몸의 습관성을 만들어라. 그러면 그것이 문화가 되리라. 이것이 바로 구용과 구사를 교육적으로 재음미해야 하는 이유다.

몸공부의 지층으로 매설되어 있는 율곡의 구용과 구사는 이제 우리에게 혁신적 재이해를 넘어 창조적 재해석을 기다리고 있는 무엇이다. 오늘날 교육에서 소학이 완전 무시되고 잊힌 교육의 구조판을 완전히 바꾸어 놓아야 한다. 그러면서 16세기 율곡이 구용과 구사를 통하여 제안한 소학 프로그램이 허망한 외침이 아님을 알아야 한다. 인간은 과거와의 대화를 통하여 미래를 꿈꾸는 존재다. 그런데 우리는 그렇지 못했다. 율곡의 구용과 구사를 어서 빨리 현대에 걸맞게 인문 프로그램화하라. 과거를 열어 미래의 변이를 눙치게 기다리면서 말이다. 우리의 아름다운 인문을 위하여 우리 몸을 구용과 구사의 습관성으로 당장 물들여라. 그러면 우리 몸에 인향이 피어나리라!

나는 수양한다
그러므로
나는 존재한다

3

다산의 수양치료*

---

*〈서명석(2017). 다산 기호담론의 수양치료적 해석. *교육사상연구*, *31*(3), 23-36.〉
이 장은 해당 논문을 수정하고 보완한 것이다.

1. 성은 기호라고 다산이 말하다

사람은 선을 좋아하고 악을 부끄러워하며 몸을 닦아 도를 향하는 것이 본래 모습이다!* ─ 다산

우리에게는 현대에 계승하지 못한 전통이 여럿 있는데 그 중 하나가 이른바 수양(修養·Self-Cultivation) 전통이다. 이때 동양의 수양(修養)이란 내 몸과 마음을 갈고 닦아 나를 끊임없이 새로운 세계로 재편해나가는 기획이다. 위 로고스는 다산(茶山·1762~1836)이 자신만의 입장에서 이러한 수양 전통을 짚어주는 대목이다. 동양학에서 심-학(心-學)이란 몸과 마음을-갈고-닦는-배움으로 곧 수양론의 세계다. 그런데 이런 수양론은 동양의 수많은 선학들이 수양이라는 큰 가닥에서는 패러다임을 공유하지만 실제 수양론의 세부로 들어가면 각각 유파만의 입장과 자신만의 길로 들어선다. 유자(儒子)였던 다산도 역시 자신만의 수양을 말했다. 이렇게 놓고 보면 동양의 수양은

---

*『맹자요의(孟子要義)』: 人則樂善恥惡 修身向道 其本然也

심학의 지평에 서 있다. 이것은 21세기에 현대적으로 재해석해서 계승해야 하는 문화적 자산이다. 이런 심학을 수양치료(修養治療·Self-Cultivation Therapy)의 관점으로 다시 읽고, 그 의미를 발굴하는 것이 이 글이 가는 길이다. 이 길에서 다산의 수양론과 마주하고 그가 지금부터 2세기 전에 전해주었던 그의 담론 세계를 현대적 관점에서 해석하여 그것이 오늘날 건네주는 도저한 의미를 성찰해낸다.

이제 과거 다산의 수양론을 현재로 호출하자. 그런 다음 그의 수양론을 기호담론으로 평가한 뒤 그것의 담론구조를 알아보자. 다음과 같은 질문을 던지면서 말이다. • 다산의 수양론을 왜 기호담론으로 부르는가? • 기호담론이 어떻게 수양치료라는 맥락으로 접속되는가? • 다산의 기호담론이 현대에 주는 의의는 무엇인가?

2. 다산의 전제

"사람은 선을 좋아하고 악을 부끄러워한다." 이것이 앞의 로고스에서 다산이 말한 "요선치악(樂善恥惡)"이다. 다산은 이런 "요선치악"을 사유의 지렛대로 삼아 그의 담론을 입론해두었다. 그러면서 다산은 성즉리(性卽理)라는 주자식의 명제를 성즉기호(性卽嗜好)라는 명제로 갈아치운다. 다시 말해 〈・성(性) = 리(理) → ・성(性) = 기호(嗜好)〉로 말이다.

이렇게 다산은 주자식의 본연의 성에서 다산식의 기호의 성으로 넘어갔다. 이것은 일종의 패러다임 시프트다. 그러면서 그는 자신의 입장을 이렇게 힘주어 말한다: "나는 성(性)을 기호를 위주로 말할 뿐이다."* 그러면서 그는 말한다. "성은 마음의 기호다!"** "사람은 선을 좋아하고 악을 부끄러워한다." 이것은 내 이성의 시킴도 아니요, 내 욕망의 의도적인 기도도 아니며 오로지 내 마음의 자연스런 발로다. 이것이 다산이 바라보는 기호에 대한 시선이다. 그것만이 아니다. 하늘이 나에게 성(性)을 부여할 때 선을 좋아하는 감정과 선을 가릴 수 있는 능력

---

*『맹자요의(孟子要義)』: 余謂性者主於嗜好而言
**『중용자잠(中庸自箴)』: 性者心之所嗜好也

을 동시에 주었다고 다산은 바라본다. 다산은 인간이 선을 좋아하고 악을 부끄러워하는 것은 후천적으로 보고 배워서 그렇게 하는 것이 아니라 원래 우리 성이 그렇게 설계되어 있다고 본다. 이것이 인간이 태어날 때 하늘이 기호-성(嗜好-性)을 주었다는 입장인 기호-천부-설(嗜好-天賦-說)이다. 그뿐만이 아니라 어떤 것이 선인지 어떤 것이 악인지 판단할 수 있는 능력이 이미 우리 마음속에 내장되어 있다고 다산은 생각한다. 즉 다산이 보기에 인간의 선악판단력은 학습의 결과가 아니라 어디까지나 그것은 인간의 타고난 능력이라는 점이다. 그러면서 다산은 그의 담론을 아래와 같이 더욱 정교하게 설계한다.

② 하늘은 이미 사람에게 선할 수도 있고 악할 수도 있는 권형(權衡)을 주었다. ③ 이에 그 아래쪽에는 또한 선을 행하기는 어렵고 악을 행하기는 쉬운 육체[具]를 주었다. ① 그 위쪽에는 또한 선을 좋아하고 악을 부끄러워하는 본성[性]을 주었다.*

---

*『심경밀험(心經密驗)』: ② 天旣予人以可善可惡之權衡 ③ 於是就其下面 又予之以難善易惡之具 ① 就其上面 又予之以樂善恥惡之性

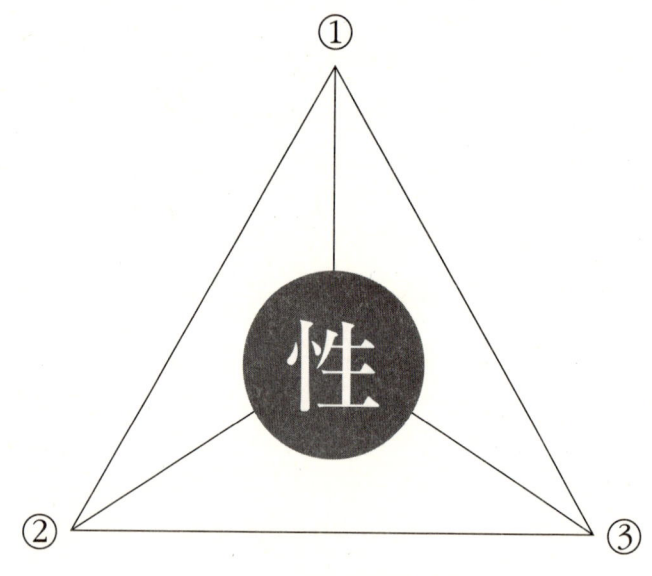

[그림 3-1] 다산 기호담론의 틀

위 그림은 앞쪽의 원문에 기반하고 있다. 그곳의 원문의 순서는 ②→③→①로 되어 있지만, 다산 기호담론의 맥락상 순서를 ①→②→③으로 배치했다. 이때 삼각형의 꼭지점 ①은 명제 ①, ②는 명제 ②, ③은 명제 ③을 가리킨다.

❖ 다산 기호담론의 3대 명제

- 명제 ① — 인간은 선을 좋아하고 악을 부끄러워한다.
- 명제 ② — 인간은 선할 수도 있고 악할 수도 있다.
- 명제 ③ — 인간은 선을 행하기 어렵고 악을 행하기 쉽다.*

다산의 본성담론에서 그의 체계를 맥동시키는 것은 바로 기호다. 이런 점 때문에 [그림 3-1]의 중앙에 성(性)을 배치했다. 이때 성(性)인 기호(嗜好)는 취미 등과 같이 개인이 가지고 있는 개별적 취향을 말하지 않는다. 다산에게 기호는 오로지 인간의 본성이자 욕망일 뿐이다. [그림 3-1]의 가운데 압축: 〈•성(性) = 기호(嗜好)〉. 그런데 그 성은 선을 좋아하고 악을 부끄러워한다. 명제 1의 압축: 〈•① = 요선치악(樂善恥惡)〉. 다산이 바라보는 성은 기호이자 욕망이기에 그것은 선으로 기울 수도 있고 악으로 기울 수도 있다. 이것이 원문에서 말하는 "선할 수도 있고 악할 수도 있다"는 "가선가악(可善可惡)"이다. 명제 2의 압축: 〈•② = 가선가악(可善可惡)〉. 이런 점을 포착한 다산은 가선가악(可善可惡)을 원문에서 무게를 다는 저울추[權]와 저

---

*명제 ① 樂善恥惡, 명제 ② 可善可惡, 명제 ③ 難善易惡

울대[衡]라는 권형(權衡)에 비유한다. 이 말은 인간의 본성이 선과 악 중에서 어디로 기울어질지 결정되어 있는 것은 없다는 뜻이다. 현실 속의 인간은 실제 삶 속에서 "선을 행하기는 어렵고 악을 행하기는 쉽다." 이것을 다산은 원문에서 "난선이악(難善易惡)"으로 표현한다. 명제 3의 압축: 〈·③ = 난선이악(難善易惡)〉. 이렇게 다산의 기호담론은 중추적인 자리를 차지하는 성(性)이 기호(嗜好)라는 대전제를 기반으로 부속 명제 ①②③이 상호 교통하는 지점에 위의 [그림 3-1]과 같이 건축된다.

3. 다산의 수양

동양에서 말하는 수양이란 개념은 원래 서구문화권에서 보면 맞대응하는 용어가 없는 개념이다. 그렇기 때문에 영문 위키피디아 사전의 검색창에 표제어로 '수양'을 뜻하는 'Self-Cultivation'을 입력해 검색엔진을 돌려도 나오지 않는다. 이런 정황은 수양이 동양인의 사유방식 중에서 매우 독특한 문화양식이라는 점을 말해준다.

다산의 사유도 이와 같은 동양의 문화전통 위에 있다고 볼 수 있다. 다시 앞장의 로고스 중에서 "수신향도(修身向道)"를 보도록 하자. 이를 직역하면 "몸[身]을 닦아[修] 도[道]를 행한다[向]"다. 그런데 여기서 일단의 주의를 요한다. 수'신'(修'身')이라고 할 때 '몸[身]'은 '신체적-몸'을 지칭하지 않는다. 그것은 오로지 우리들의 몸과 마음을 통합해 놓은 '내-자신'을 뜻한다. 이를 영어로 표현하면 '신(身)'은 'self'다. 따라서 내 자신을 닦는다라고 수신을 푸는 것이 보다 정확한 번역이고, 이를 더욱 의역하면 내 자신인 내 몸과 내 마음을 닦는다는 뜻이 수신이다. 이런 전통이 동양의 수양 패러다임인 것이다.

다산에게 수양은 선악의 문제로 귀착된다. 이를 증거하는 것이 명제 ①②③인데, 그곳을 보라. 그러면 어김없이 명제

①②③에 선악이 모두 등장한다. 이것을 보면 다산은 수양을 다루면서 선악을 매우 중요하게 생각하는 핵심적인 문제로 인식한다. 다산은 이성에 의한 판단으로 선악을 구별하는 방식을 수용하지 않는다. 그러면 그에게 선악이란 무엇인가? 더 구체적으로 말해서 다산이 생각하는 선악 판단의 기준은 무엇이란 말인가? 다산에게 선악의 판단은 그것이 도심이냐 비-도심이냐에 달려 있다. 이 말은 선악 판단의 기준이 도심에 있다는 뜻이다. 즉 다산에게 도심이면 선이고, 비-도심이면 악이다. 즉, 〈・도심(道心) = 선(善)〉, 〈・비-도심(非-道心) = 악(惡)〉으로 말이다. 이때 비-도심은 도심이 아닌 것으로 악이면서 동시에 인심이다. 〈비-도심 = 악 = 인심〉으로 말이다. 이렇게 놓고 보면, 다산이 "수신향도(修身向道)"에서 말하는 '도'가 '도심'임이 분명하다.

Ⓐ 본성을 따르는 것이 도다.
Ⓑ 그러므로 본성이 발한 것이 도심이다.
Ⓒ 도심은 항상 선을 욕망하고 또한 선을 선택할 수 있다.*

---

*「중용자잠(中庸自箴)」: Ⓐ 率性之謂道 Ⓑ 故性之所發 謂之道心 Ⓒ 道心常欲爲善 又能擇善

Ⓐ는 솔성지위도(率性之謂道)다. 즉 본성을 따르는 것이 도다. 그런데 다산식으로 말하면 본성은 선을 좋아하고 악을 부끄러워하는 것이다. 그러니 선을 좋아하고 악을 부끄러워하는 것을 따르는 것이 도라는 뜻이다. 이와 반대가 되면 그것은 도가 아닌 것이다. 다시 말해 선을 좋아하지도 않고 악을 부끄러워하지도 않는 것이 비-도(非-道)인 것이다. 다음 Ⓑ를 보자. 본성이 발한 것은 도심이다. 이것이 도심의 정의다. 그러므로 도심이 성이고 그 성이 기호이니 기호에서 발한 것이 도심인 셈이다. 즉 기호란 선을 좋아하고 악을 부끄러워하는 것이니 도심이라는 뜻이다. 이상을 종합하면, 〈·성(性) = 기호(嗜好) = ① 요선치악(樂善恥惡) = 도심(道心)〉인 관계가 성립한다. 이제 Ⓒ를 보자. 도심은 항상 선을 욕망한다. 또한 도심은 선을 선택한다. 반대로 선을 욕망하지 않으면 그것은 도심이 아니요, 선을 선택하지 않는 것 또한 도심이 아니다. 도심이 아니기에 그것은 비-도심이며, 결국 인심이 된다. 이를 통하여 인심의 정의를 이끌어낼 수 있다. 인심은 선을 욕망하지 않고 선을 선택하지도 않는다. 이 문장을 긍정문으로 다시 바꾸면 '인심은 악을 욕망하고 악을 선택한다'가 된다.

- 도심: 선을 욕망하고 선을 선택한다.
- 인심: 악을 욕망하고 악을 선택한다.

다산에게 선은 도심의 목소리이고, 악은 인심의 욕망이다. 따라서 그에게 선악은 물리적 이분법의 흑백논리가 아니라 실제 삶속에서 도심과 인심이 상호 교전하는 가운데 일어나는 무엇이다. 이때 도심이란 본성이 발현한 마음이자 이상적 자아가 가지고 있는 마음이요, 인심이란 사욕이 발현한 마음이자 현실적 자아가 가지고 있는 마음이다. 그러므로 모든 인간은 명제 ①[인간은 선을 좋아하고 악을 부끄러워한다.]의 상태는 공유하지만 명제 ②와 명제 ③에서 '② 선악의 선택'과 '③ 선악의 행동'은 언제나 자신의 몫이다. 이러한 ②와 ③의 지점에 내려오면 인간의 모습은 존재의 얼굴이 두 가지 양상으로 바뀐다. 그 하나는 성인(聖人)의 모습이고, 다른 하나는 소인(小人)의 모습이다. 이 두 사람을 어떻게 구분할 수 있을까? 인간이 도심에서 살고 있으면 성인이 되고, 인심에서 살고 있으면 소인이 된다. 따라서 성인과 소인은 도심과 인심이라는 마음의 거주지에 따른 분류이지 세속적으로 얻은 사회적 성취나 신분적 지위 그리고 빈부에 따른 분류는 결코 아니다. 이상의 내용을 요약하면 〈표 3-1〉과 같다.

<표 3-1> 마음의 거주지에 따른 성인과 소인의 비교

존재의 얼굴 \ 명제와의 관계	명제 ①	명제 ②	명제 ③
성인 (聖人)	명제 ①을 언제나 공유	명제 ②에서 언제나 선을 선택	명제 ③에서 언제나 선을 행함
소인 (小人)	명제 ①을 공유 또는 미공유	명제 ②에서 선을 선택하거나 악을 선택할 수도 있음	명제 ③에서 선을 행할 수도 있고, 악을 행할 수도 있음

- 명제 ① ― 인간은 선을 좋아하고 악을 부끄러워한다.
- 명제 ② ― 인간은 선할 수도 있고 악할 수도 있다.
- 명제 ③ ― 인간은 선을 행하기 어렵고 악을 행하기 쉽다.

다산에게 수양의 목적은 성인에 있지 소인에 있지 않다. 이런 구도 속에서 다산에게 수양이란 성인의 상태에 있도록 하는 일이거나 소인의 상태에서 성인의 상태로 마음의 거주지를 옮기는 일이다. 따라서 다산에게 성인이란 명제 ①에서 명제 ①을 가지고, 명제 ②에서 언제나 선을 선택하고, 명제 ③에서 선만을 행하는 사람이다. 반면 소인은 지금 말한 성인의 반대로

만 선택하고 행동하는 사람이다. 즉 명제 ①을 공유하고 있다 하더라도 악을 주로 선택하고, 악을 주로 행하는 사람이 소인인 것이다. 이러하기에 다산이 바라보는 수양의 목적은 '성인이-되는-것'이요, 이를 위하여 수양의 길은 '탈-소인-화(脫-小人-化)'의 길에 다름 아니다. 그 길이 도심에 의한 인심의 제압으로 가는 극기(克己)인 것이다. 이렇게 도심과 인심의 싸움에서 도심의 승리가 바로 극기다! 극기하라. 그러면 내 마음 속에 도심이 찾아든다. 이것이 다산이 바라보는 수양의 지평이다.

4. 다산의 치료

 인간이 가지는 존재의 얼굴을 두 가지 종류로 나누어서 말한 바 있다. 그것은 성인(聖人)과 소인(小人)이었다. 그러나 이것들만 있는 것은 아니다. 늘 도심 속에 사는 자가 성인이라면, 늘 인심 속에 사는 자가 소인이다.

 그리고 한 사람이 더 있다. 그 사람은 도심과 인심을 왔다 갔다 하면서 사는 자인데, 이런 사람은 성인과 소인 사이에 '중간인' 또는 '경계인'의 위치에 있다. 이런 사람을 군자(君子)라 한다. 따라서 군자란 완벽하게 성인도 아니고 그렇다고 완벽하게 소인도 아니면서 오로지 성인이 되려고 노력하는 사람이다. 이러한 세 종류의 사람을 기호[性] 명제와 관련시켜 말하면, 성인은 선(善)-기호(嗜好)의 흐름 속에서 사는 사람이 된다. 반면 군자와 소인은 악(惡)-기호(嗜好)의 막힘 속에서 사는 사람이 된다.

 이때 선(善)-기호의 흐름이란 명제 ②의 상황에서 반드시 선을 선택하고, 명제 ③의 상황에서 반드시 선을 행하는 것이요, 악(惡)-기호의 막힘이란 명제 ②의 상황에서 선 또는 악을 선택하고, 명제 ③의 상황에서 선 또는 악을 행하는 것이다. 여기서 악(惡)-기호의 막힘 속에 군자와 소인이 함께 있지만, 군자는 선악 중에서 선을 취할 확률이 소인보다 높고, 소인은 선 악 중에서 악을 취할 확률이 군자보다 높다는 점이다.

❖ 기호[性]의 두 흐름

- 기호의 원활한 흐름 — 선(善)-기호(嗜好)의 상황 — 성인의 모습 — 명제 ②에서 언제나 선을 선택하고, 명제 ③에서 언제나 선을 행함 — 기호의 마비 증상* 없음
- 기호의 막힌 정체 — 악(惡)-기호(嗜好)의 상황 — 군자와 소인의 모습 — 명제 ②에서 선 또는 악을 선택하고, 명제 ③에서 선 또는 악을 행함 — 기호의 마비 증상 있음

인간이 실제 삶 속으로 내려오면 순도 100%를 가진 성인(聖人)은 존재하지 않는다. 즉 명제 ①처럼 선을 좋아하고 악을 부끄러워하는 기호의 본성을 가지고 있으면서 명제 ②라는 선악의 상황에서 언제나 선을 선택하고, 명제 ③이라는 선악의

---

*여기서 기호의 마비 증상이란 명제 ①②③을 관통하며 흐르는 선-기호가 악-기호의 방해로 인해 일어나는 것으로서 이 경우에 인간이 보여주는 악의 선택과 악의 행동을 비유한다.

실천 국면에서 반드시 선을 행하는 사람은 극히 드물다는 말이다. 그렇다면 기호인 본성의 막힘, 즉 기호의 마비 증상을 가지고 있는 사람들을 어떻게 치료할 것인가? 이 지점에 다산의 고민이 함께 놓인다. 성인은 도심과 인심이라는 선악의 기호 싸움에서 비교적 자유롭다. 그러나 군자와 소인은 그렇지 않다. 항상 도심과 인심이 싸워서 도심보다는 인심이 지배하는 실제 삶에서 이들이 악(惡)-기호(嗜好)로 흐름이 막혀서 얻게 되는 기호의 마비 증상을 선(善)-기호(嗜好)가 활성화되도록 어떻게 치료해 줄 것인가? 이런 치료의 모습을 구상해서 표현한 것이 [그림 3-2]다.

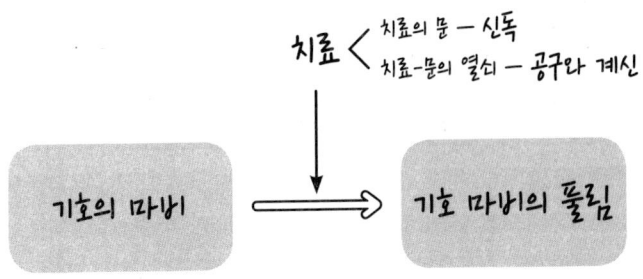

[그림 3-2] 다산 수양치료의 설명틀

악(惡)-기호(嗜好)의 정체를 치료하기 위해 다산은 고민 끝에 하늘[天·上帝·the Supreme Being]을 수양의 징검다리로 삼아 원시 종교의 상제관(上帝觀)을 끌어들인다. 그것의 골자는 이러하다. ① 하늘이 우리의 일거수일투족을 내려다보고 있다! ② 그런 하늘이 우리와 함께 한다! 여기서 ①이 감찰-천(監察-天)이고, ②가 임재-천(臨在-天)이다. 다산은 『중용강의(中庸講義)』에서 이런 입장을 일감재자(日監在玆)로 압축한다. 하늘이-날마다[日]-나를-감찰하며[監]-여기[玆]-와-있다[在]! 이때 일감(日監)이 감찰-천(監察-天)이요, 재자(在玆)가 임재-천(臨在-天)이다. 이런 상제관의 효과는 인간에게 긴장감을 조성하고, 하늘에 대한 두려움을 유발하여 자신의 행동을 함부로 하지 못하게 하는 것이다.

그래서 다산은 이렇게 토로하고 있다. "군자가 암실 안에 있으면서도 두려워서 감히 악을 행하지 못하는 것은 하늘[上帝]이 너를 내려다본다는 것을 알기 때문이다."* 다산에게 상제는 "부름을 받든 안 받든, 신은 현존할 것이다!"**라는 입장이다. 이렇게 다산이 바라보는 상제는 현재 부재(不在)하지만 지금 임재(臨在)한다. 이때 부재는 신이 물리적·공간적·감각적

---

*『중용자잠(中庸自箴)』: 君子處暗室之中戰戰慄慄不敢爲惡 知其有上帝臨女也
**Vocatus atque non vocatus deus aderit!

으로 파악되지 않는다는 뜻이고, 반면 임재는 그렇지만 신이 여기 와 있다는 뜻이다. "가까이 있으면서 붙들기 어려워라, 신은(횔덜린, 2017)."

상제가 우리 곁을 떠났다. 이 말은 오늘날 신이 없는 이성의 시대라는 뜻이고, 그렇다 보니 무서워하고 두려워할 것이 없는 시대를 우리가 살고 있다는 것이다. 이제 상제와 같은 신을 생각하는 이성은 어디에도 없다. 이성만을 너무 믿어 이 세상에 무섭고 두려울 것이 없어 인간은 도리어 오만과 자만에 빠졌다. 그래서 인간은 상제와 같은 신을 우리 곁에서 완전히 추방시켜 버렸고, 이성이 강제로 신을 이성의 감옥에 유폐시켜 두었다. 이렇게 '놓쳐버린 신' 또는 '잃어버린 신'의 시대에 다산은 상제를 통하여 인간에게 신의 자리를 다시 생각하게 하는 사유의 단초를 제공한다.

그렇다면 어떻게 치료해야 기호의 마비를 풀 것인가? 다산은 인간이 자신의 행동을 함부로 하는 것을 견제하기 위하여 상제라는 장치를 설치했다. 그러면서 그는 이렇게 말한다: "공구(恐懼)하고 계신(戒愼)하여 상제(上帝)를 밝게 섬겨라!"* 상제에 대하여 두려워함이 공구다. 또한 항상 내 몸과 마음을 경계하여 삼감이 계신이다. 공구와 계신은 마치 밝게 상제를 모시

---

*『자찬묘지명(自撰墓誌銘)』: 恐懼戒愼 昭事上帝

는 행위와 같다. 다산의 이런 강조가 바로 "공구계신(恐懼戒愼) 소사상제(昭事上帝)"인 것이다. 여기서 공구와 계신이 이른바 인심의 발흥을 억제하고 도심의 발현을 활성화하는 다산식의 전략인 셈이다. 그리고 공구와 계신, 그것들과 더불어 하나가 더 있다. 그것이 신독이다. 다산에게 공구와 계신이 도심으로 들어가는 문의 열쇠라면 신독(愼獨)은 도심으로 들어가는 문과 같다. 그러나 조심해야 할 것이 있다. 다산에게 신독은 혼자 있을 때를 삼간다는 뜻으로 쓰이지 않는다. 이 점을 다산은 힘주어 말한다. "원래 신독은 자기가 홀로 아는 일에 삼가기를 극진히 함을 말하는 것이지, 자기가 홀로 있는 곳에서 삼가기를 극진히 함을 말하지 않는다."*

이와 같이 다산에게 와서 신독의 개념이 완전 바뀐다. 신독이 자신이 혼자 있을 때 조심하는 것에서 자신이 홀로 아는 일에 극진히 삼가는 것으로 말이다. < • 다산의 신독: 네 혼자 아는 것에 대하여 반성하고 조심하라!> 이런 다산의 수양을 이제 치료의 의미망과 결합해 보자. <수양 + 치료> → <수양치료>로 말이다. 원래 그리스어 'θεραπεία(therapeia)'에서 기원하는 '치료(Therapy)'의 어원적 의미망은 [그림 3-3]이다(서명석, 2015).

---

*『심경밀험(心經密驗)』: 原來愼獨云者 謂致愼乎己所獨知之事 非謂致愼獨乎己處之地也

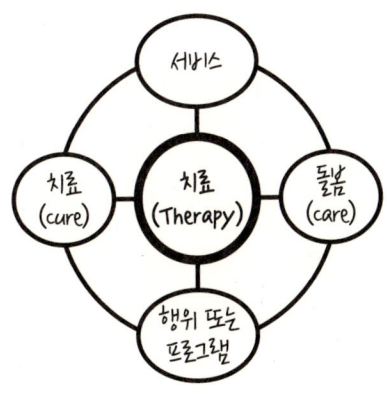

[그림 3-3] 치료의 의미망

치료의 의미망에 수양을 결합하면 수양치료(Self-Cultivation Therapy)가 되는데, 이를 현대적으로 해석하면 다음과 같다. ① 수양치료에서 치료(cure)의 목적은 인간의 본성인 기호의 마비 증상을 풀어주는 데 있다. ② 이런 활동은 자신의 본성 보호를 위해 자신이 자발적으로 수행하는 주도적 봉사(service)이자 ③ 자신의 본성, 즉 기호에 대한 자기 자신의 돌봄(care)이다. ④ 이러한 일련의 일을 수행하는 행위(act) 또는 프로그램(program)이 다산에게 공구와 계신이자 신독인 것이다. 따라서 다산의 수양치료란 ①+②+③+④다.

5. 기호를 잘 관리하고 다스려라

현대교육은 교육의 영역을 인지·정의·행동으로 삼분해 놓고 이 안에서 필요로 하는 지식·기능·태도를 가르치고 있다. 이러한 내용이 21세기 교육으로 너무 협소하기 때문에 이를 넘어서기 위하여 교육에서 영성의 영역을 추가해야 한다는 주장이 21세기 초 서구에서 나왔다(Erricker, Ota, & Erricker, 2001). 여기에 하나 더 확장시켜 나아가야 하는 영역이 있다. 그것이 바로 동양의 수양 전통이다. 이런 입장을 받아들일 때 수양 공부 증발의 시대에 다산의 수양치료는 21세기에 새로운 숙고의 지대를 제공하고 있다고 보아야 한다.

오늘날 수양이 없는 교육은 너무 가볍고, 수양만 강조하는 교육은 시대에 뒤떨어질 수 있다. 그래서 조화가 중요하다. 자기-정화와 자기-치료의 장치가 없는 현대교육에 다산의 기호담론은 인간의 본성에 대한 자주적 돌봄과 존재론적인 구원의 빛을 던져준다. 네 자신의 기호를 돌보라. 그러면서 진정 선한 삶이 무엇인가를 다산의 수양과 치료 속에서 무한히 되새겨 보라. 악보다 선을 택하라. 악보다 선을 행하라. 이러한 훈계조의 명령에 대하여 다산은 인간이 왜 그렇게 살아야 하고, 인간이 구체적으로 어떻게 살아야 하는지 기호담론의 수양과 치료를 통하여 그 길을 웅숭깊게 보여주었다.

　　다산에게 인간의 본성을 밝혀내는 사유의 매개물은 기호였다. 그러한 기호의 보존과 관리를 위하여 다산은 그만의 세계를 펼쳐 보인다.〈1〉 공구와 계신으로 소인의 삶을 벗어나도록 자신의 삶에 대한 실존적 긴장을 유지하라.〈2〉 신독으로 매순간 자신의 행동에 대한 반성과 성찰을 하라.〈3〉 그러면서 인심 때문에 자꾸만 엇나가려고 하는 삶의 좌표를 도심에 근접시켜라. 지금 이것들,〈1〉〈2〉〈3〉이 다산이 주는 기호담론의 현대적 메시지다.

　　다산이 그리는 양질의 삶이란 인간이 기호의 본성대로 살아가는 것이다. 이때 다산은 기호가 마음의 소리라고 믿는다. 이러한 다산의 기호담론은 1차적으로 인간의 본성에 대한 능동적 수양을 요구하고, 2차적으로 악에 물든 본성에 대하여 자발적 치료를 요구한다. 다산의 이러한 관점은 오늘날 두 가지 측면에서 그 중요성을 전해준다. 그 하나는 인간 본성에 대한 자기-정화의 방법을 제공해주며, 또 다른 하나는 인간 본성에 대한 자기-치료의 길을 열어준다. 이런 특성은 특히 철학-치료(philo-therapy)의 가능성을 보여주는 대목이다. 이때 철학-치료란 심리-치료와 대비되는 개념이다. 심리-치료(psycho-therapy)가 심리학적 기법을 총동원하여 인간의 심리적 문제를 해결하려 한다면, 철학-치료는 인간이 스스로 당면하는 자신의 삶에 대해 실존적인 긴장과 반성을 해서 질이 더 높은 삶을 얻어내는 자발적 통치술이다. 이렇게 놓고 보면 수양치료는 다분히 철학-치료의 세계와 만난다.

    인간은 도-로(道-路) 위를 사는 사람이다. 그런데 도-로에는 선-로(善-路)와 악-로(惡-路)가 있다. 우리는 악-로보다 선-로를 가야하는데 자꾸 악-로로 나아가려는 관성이 있다. 이런 관성의 치료를 기호의 성(性)에 대한 성찰과 관리가 전무한 이 시대에 다산이 수양치료로 도와줄 것이다. 그러니 우리가 어떻게 살아야 할지 다음과 같은 다산의 육성을 음미하면서 스스로 판단해 볼 일이다. "도는 길이며 길은 인간이 따라야 하는 것이다."*

---

*『중용강의보(中庸講義補)』: 道者路也 路者人所由也

참고문헌

1장 퇴계의 수양치료

『근사록(近思錄)』

『논어(論語)』

『맹자(孟子)』

『서경(書經)』

『성학십도(聖學十圖)』

『심경부주(心經附註)』

『이자수어(李子粹語)』

『주역(周易)』

『주역절중(周易折中)』

『퇴계전서(退溪全書)』

『퇴계집(退溪集)』

금장태(2002). 『성학십도』와 퇴계철학의 구조. 서울: 서울대학교출판부.

단국대학교 동양학연구소(편)(2010). 한한대사전 8. 용인: 단국대학교 동양학연구소.

동아출판사편집국(1987). 동아 한한대사전. 서울: 동아출판사.

서명석(2012). 『심경부주』에 드러나는 경의 개념·작용·효과 그리고 그 너머의 교육적 메시지. 교육철학연구, 34(4), 117-135.

서명석(2015). 명상치료의 개념과 교육적 함의. 교육사상연구, 29(3), 95-108.

이상익(2015). 퇴계학파의 '이심사심'에 대한 해석. 퇴계학보, 137, 71-108.

이창일 외(2014). 심경 철학 사전. 성남: 한국학중앙연구원출판부.

Flexner, S. B. (1987). *The Random House Dictionary of the English Language*. New York: Random House.

Kalton, M. C. (1988). *To Become A Sage*. New York: Columbia University Press.

Liddell, H. G., & Scott, R. (1983). *A Greek-English Lexicon*. New York: Oxford University Press.

2장 율곡의 수양치료

『격몽요결(擊蒙要訣)』

『논어(論語)』

『대학(大學)』

『설문해자(說文解字)』

『소학지언(小學枝言)』

『소학집주(小學集註)』

동아출판사편집국편(1987). 동아 한한대사전. 서울: 동아출판사.

루돌프 슈타이너(2017). 슈타이너의 치료교육 강의: 교육은 치료다. 김성숙·다카하시 이와오 옮김. 서울: 물병자리.

미셸 푸코(2016). 비판이란 무엇인가? 자기수양. 오트르망 심세광·전혜리 옮김. 파주: 동녘.

미셸 푸코(2017). 담론과 진실. 오트르망 심세광·전혜리 옮김. 파주: 동녘.

민족문화추진회(1984). 고전국역총서 22 율곡집 Ⅰ. 서울: 민족문화문고간행회.

민중서림편집국편(2004). 엣센스 국어사전. 서울: 민중서림.

박연호(1985). 주자학의 근본배양설과 조선 전기의 『소학』 교육. 한국정신문화연구원 한국학대학원 석사학위논문.

박연호(1994). 소학-대학계제설. 교육개발, 통권 91호, 6-8.

박인철(2015). 현상학과 상호문화성. 파주: 아카넷.

서명석(2010). 유가 몸공부법의 존재 위상: 『격몽요결』의 구용법을 중심으로. 교육사상연구, 24(3), 139-153.

서명석(2013). 사람됨 교육의 관점에서 바라본 구사법의 세계. 인격교육, 7(2), 69-83.

서명석(2017). 퇴율공부법과 현대교육 비판. 용인: 책인숲.

성백효 역주(1993). 현토완역 소학집주. 서울: 전통문화연구회.

신창호(2010).『대학』, 유교의 지도자 교육철학. 파주: 교육과학사.

염정삼(2007). 설문해자주 부수자 역해. 서울: 서울대학교출판부.

이정민(2013). 조선시대의『소학』이해 연구. 서울대학교 대학원 박사학위논문.

정호훈(2014). 조선의『소학』: 주석과 번역. 서울: 소명출판.

철학문화연구소편(2014). 계간 철학과 현실. 봄호 통권100호. 서울: 철학문화연구소.

프리드리히 횔덜린(2017). 횔덜린 시 전집 1. 장영태 옮김. 서울: 책세상.

하영삼(2014). 한자어원사전. 부산: 도서출판3.

한글학회편(1992). 우리말큰사전 4: 옛말과 이두. 서울: 어문각.

한형조(2015). 율곡의 42세 작,『격몽요결』의 서문과 1장을 통해 읽는 유교 심학의 기초와 강령. 정신문화연구, 38(3), 7-29.

Carlisle, C., & Ganeri, J.(Ed.) (2010). *Philosophy as Therapeia*. Cambridge: Cambridge University Press.

Gollnick, D. M., & Chinn, P. C. (2009). *Multicutural Education in a Pluralistic Society*(8th ed.). Upper Saddle River, New Jersey: Pearson.

Kuczewski, M. G., & Polansky, R.(Ed.) (2000). *Bioethics: Ancient Themes in Comtemporary Issues*. Cambridge, Massachusetts: The MIT Press.

Ormrod, J. E. (2004). *Human Learning*(4th ed.). Upper Saddle River, New Jersey: Pearson.

3장 다산의 수양치료

『맹자요의(孟子要義)』

『심경밀험(心經密驗)』

『자찬묘지명(自撰墓誌銘)』

『중용강의(中庸講義)』

『중용강의보(中庸講義補)』

『중용자잠(中庸自箴)』

경기문화재단 실학박물관(편)(2013). 다산 사상과 서학. 남양주: 경인문화사.

김영일(2003). 정약용의 상제사상. 서울: 경인문화사.

김영주(2006). 다산 정약용의 상제천관에 관한 연구. 동국대학교 대학원 박사학위논문.

김형효(2000). 원효에서 다산까지. 성남: 청계.

백민정(2007). 정약용의 철학. 서울: 이학사.

서근식(2008). 정약용의『소학지언』·『심경밀험』에 관한 연구: 윤리적 실천론을 중심으로. 한국철학논집, 23, 217-244.

서명석(2015). 명상치료의 개념과 교육적 함의. 교육사상연구, 29(3), 95-108.

송상형(2006). 다산 정약용의『심경밀험』연구: 주자학의 경 공부에 대한 비판을 중심으로. 한국학중앙연구원 한국학대학원 석사학위논문.

이대해(2002). 다산 정약용의『심경밀험』연구. 성균관대학교 유학대학원 석사학위논문.

임부연(2004). 정약용의 수양론 연구. 서울대학교 대학원 박사학위논문.

최대우(1999). 다산의 성기호설적 인간이해에 관한 연구. 충남대학교 대학원 박사학위논문.

프리드리히 횔덜린(2017). 횔덜린 시 전집 2. 장영태 옮김. 서울: 책세상.

Carlisle, C., & Ganeri, J.(Ed.) (2010). *Philosophy as Therapeia*. Cambridge: Cambridge University Press.

Erricker, J., Ota, C., & Erricker, C. (2001). *Spiritual Education: Cultural, Religious and Social Differences New Perspectives for The 21st Century*. Brighton: Sussex Academic Press.

Kim, Shin-Ja (2010). *The Philosophical Thought of Tasan Chŏng*. Frankfurt: Peter Lang.

찾아보기

ㄱ

가선가악	85
감찰-천	96
강	57
견득사리	42
견득사의	41, 42
경	18, 19, 20, 21, 22, 25, 27, 28, 29, 30, 31, 32, 36, 37, 38, 39, 42, 43, 45, 46, 47, 48
경담론	18, 19
경송	46
경신	66
경의 프로그램	44
경이위주	31, 32
경이직내	31, 32
경이치심	32, 33

계구	44
계신	95, 97, 99, 101
고집	42, 43
고향	47, 74
공구	95, 97, 99, 101
공맹	22
공부	46, 65
공영달	31
공자	21, 29, 30, 61
교육심리학	57
구방심	44
구사	54, 65, 66, 70, 71, 72, 73, 74, 75
구사 텍스트	69
구용	54, 65, 66, 70, 71, 72, 73, 74, 75
구용법	68
구용법의 신체배치도	68
구용 텍스트	66-67
군자	93, 94, 95, 96
극기	92
극복	44
근본배양설	55, 57
기름	23
기억소	74
기호	82, 85, 86, 89, 93, 99, 101
기호담론	81, 86, 100, 101
기호 마비의 풀림	95
기호의 마비	95
기호의 마비 증상	94, 95, 99

찾아보기

기호의 본성	94
기호-성	83
기호-천부설	83

ㄴ

난선이악	86

ㄷ

다산	58, 59, 60, 80, 81, 82, 83, 85, 86, 87, 90, 91, 96, 97, 98, 99, 100, 101, 102
다산 기호담론의 틀	84
다산의 수양치료	99
다산의 신독	98
닦기	66
단속 경	28
대도	58, 59
대예	60
대인심	41
대학	55, 57, 58, 59, 60
대학 공부	55
대학 디자인	55
데카르트	59, 63
도	26, 59, 88, 102
도심	25, 26, 27, 39, 41, 45, 46, 47, 88, 89, 90, 92, 93, 95
돌봄	37, 38, 99

동	26
동양학	80

ㄹ

루돌프 슈타이너	74

ㅁ

마음	62, 63, 87
마음공부	62, 65
마음의 거주지	90, 91
맹자	21, 22, 23, 24, 29
맹자 심학	25
메타-장치	46
몸	61, 62, 63, 66, 74, 75, 87
몸공부	62, 65, 66, 70, 72, 74, 75
몸닦기	61, 62
몸의 통치술	73
몸치료	72, 73
문화	75

ㅂ

박연호	55
박인철	71
배움	53, 57
보존	23

본성	22, 83, 85, 86, 88, 89
본성담론	85
본성의 막힘	95
본심	41
봉사	99
비-도심	88
빌둥	72, 73

ㅅ

사량좌	29
사리	60
사유의 고고학	19, 20
상제	96, 97
상제관	96
상태 경	29
서비스	37
선-기호	93, 94, 95
선-로	102
선악	88
선악의 판단	88
성	23, 24, 82, 83, 85, 89, 102
성-리	24
성리학	22, 32, 55, 57, 58, 60
성리학담론	47
성리학의 수도승	47
성리학의 수양명제	41
성인	33, 38, 47, 48, 66, 90, 91, 93, 94, 95

성즉기호	82
성즉리	82
성찰	26, 27
성학	33
소도	58, 59
소예	60
소인	90, 91, 93, 94, 95, 101
소학	52, 53, 55, 57, 58, 59, 60, 75
소학 공부	55
소학-대학 계제설	55
소학-대학 패러다임	56
소학 디자인	55
소학 프로그램	53, 65, 71, 72, 74, 75
소학 플랜	71
솔성지위도	89
수기	22, 61
수렴 경	29
수신	61, 87
수신향도	87, 88
수양	21, 22, 27, 28, 29, 36, 47, 62, 80, 87, 91, 98, 100
수양공부	65
수양론	80, 81
수양론적 역할	33
수양 시스템	29-30
수양의 목적	92
수양의 지평	92
수양 장치	29

수양 전통	100
수양체계	30
수양치료	36, 37, 45, 46, 47, 72, 81, 98, 99, 102
수양치료 개념도	35, 36
수양치료의 개념모형	34
수양치료제	48
수양 패러다임	87
신	87
신독	44, 95, 98, 99, 101
신명	23, 24
심	23, 25, 42
심리-치료	101
심법	39, 42
심사	44
심신이원론	63
심재	44
심학	19, 25, 30, 39
심학도	40
심학 패러다임	47

ㅇ

악	88
악-기호	93, 94, 95, 96
악로	102
알인욕	26, 44, 45
알인욕 프로그램	44
알인욕의 경	45

양심	22, 41, 44
양정	72, 73
양정 프로그램	72
영성	100
예도	70
요선치악	82, 85, 89
욕망	85, 89
유가 수양론	39
유가 심학	39, 42
유일	42, 43
유정	42, 43
유정유일	43
유학	21, 22, 26
윤화정	29
율곡	53, 54, 65, 66, 71, 73, 74, 75
이	23, 24, 25, 60
이성	44, 88, 97
이학	24
인문	70, 71, 74, 75
인문교육	74
인문치료	72
인문 프로그램화	75
인문학 프로그램	74
인문화	71
인심	25, 26, 27, 39, 41, 45, 46, 47, 88, 89, 90, 92, 93, 95
인욕	26, 27, 42, 45
인향	70, 75

일감	96
일감재자	96
임재	96, 97
임재-천	96

ㅈ

자기 통제력	30
자기 통치술	73
자로	21
자발적 통치술	102
재자	96
적자심	41
전통	47, 53, 66, 74, 80
전통의 목소리	47
정	26
정신의 지문	53
정심	31, 44
정자	23, 25, 28, 29
조존	44
존심양성	23, 25, 26
존양	26, 27
존천리	26, 44, 45
존천리알인욕	41, 44
존천리의 경	45
존천리 프로그램	44
주일무적	47

주자	18, 23, 24, 25, 52, 55, 57, 58, 60, 66, 70, 72
주재	30
중용의 도	39, 44
지경	44, 46
진심	44
질성	62
집중 경	28

ㅊ

천	23, 24, 25
천리	26, 27
철학-치료	101
최명희	53
치료	33, 34, 36, 95, 98, 99, 100
치료의 의미망	99
치료제	72
치심	33
치유	34

ㅌ

탈-소인-화	92
택선	42, 43
퇴계	18, 19, 25, 28, 30, 31, 32, 37, 45, 47
퇴계심학	19, 27, 32

ㅍ

푸코	71
프로그램	34, 38, 99

ㅎ

하늘	24, 25, 83, 96
학습	57
학습심리학	57
행위	34, 38, 44, 99
현대교육	57, 100
형이상학	57, 59
형이하학	57, 59
횔덜린	74

Ⓐ~Ⓣ

act	34, 38, 47
attendance	34, 38
bio-therapy	34
care	34, 38
cure	34, 36, 37
program	34, 38, 47
self	87
Self-Cultivation	87
service	34
therapeia	34, 98
Therapy	36, 37